(Par Pierre Bayle,
d'après la cat.
impr. de la BN 1741)

5782

COMMENTAIRE
PHILOSOPHIQUE

Sur ces paroles de

JESUS-CHRIT

Contrain-les d'entrer;

Où l'on prouve par plusieurs raisons démonstratives qu'il n'y a rien de plus-abominable que de faire des conversions par la contrainte, & l'on refute tous les Sophismes des Convertisseurs à contrainte, & l'Apologie que S. Augustin a faite des persécutions

Traduit de l'Anglois du Sieur Jean Fox de Bruggs par M. J. F.

A CANTORBERY
Chez THOMAS LITWEL.
1686.

LE LIBRAIRE AU LECTEUR.

CEt Ouvrage devant contenir 3. parties on vous donne ici les deux prémiéres qui contiennent 1. les preuves directes de la tolérance & la refutation du sens literal de ces paroles *Contrain-les d'entrer.* 2. La réponse à quantité d'objections. La 3. partie, qui contient la refutation

* 2   des

des raisons particulieres dont S. Augustin s'est servi pour justifier les persécutions, vous sera donnée incessamment. Ce sera un *Commentaire Philosophique* sur 2. lettres de S. Augustin.

DIS-

DISCOURS

Préliminaire qui contient plusieurs remarques distinctes de celles du Commentaire.

UN François que j'avois vû assez souvent pendant un voiage que je fis en France il y a 7. ou 8. années, s'étant refugié en Angleterre aprés l'expédition des Dragons, me disoit toutes les fois que nous parlions ensemble que de toutes les cavillations dont les Missionnaires (& par ce mot il entendoit Prêtres, Moines, Procureurs du Roi, Juges, Intendans, Oficiers de Cavalerie & d'Infanterie, & autres personnes de toute condition & sexe) l'avoient fatigué il n'y en avoit point qui lui eût paru plus-sote & en même tems plus-litigieuse & perplexe que celle qu'ils fondoient sur ces paroles de Jesus-Chrit Contrain-les d'entrer pour apuier la persécution, ou comme ils disoient, la charitable & salutaire violence qu'ils faisoient aux Héretiques pour les retirer de leurs égaremens. Il me témoignoit souhaiter passionnement que l'on refutât cette chimere des persécuteurs, & comme il croioit avoir remarqué en moi non seulement une alienation extrême des persécutions, mais aussi quelque coûtume de chercher les bonnes raisons des choses, il me dit qu'il me croioit propre à cette entreprise, & il me représenta qu'y réüssissant, comme il l'espéroit, je pourrois rendre un grand service à la bonne cause, & même à tout le monde. Il ajoûtoit qu'il avoit un Traducteur tout prêt qui mettroit si non en beau François, au moins en stile bien intelligible ce que je composerois en ma langue.

Je lui répondis que je ne présumois pas assez de ma sufisance pour croire que je pusse rien produire de ce qu'il me disoit-là; & que j'avois encore moins bonne opinion des Convertisseurs que je croiois incapables de se corriger jamais, au point où étoit venuë leur bizarre préocupation, & qu'en général les livres ne faisoient
qu'a-

PREFACE.

qu'amuser le monde aprés avoir donné bien de la peine aux Auteurs, d'où il leur arrivoit nouvelle matiere de chagrin en voiant que ce dont ils s'étoient promis de grands éfets ne produisoit aucun changement. Comme c'est un homme d'un esprit ardent comme il l'a témoigné dans un petit livre qu'il a nommé Ce que c'est que la France toute Catholique sous le régne de Louis le Grand, il me pressoit à outrance toutes les fois qu'il me voioit sans faire aucun conte de mes excuses. Enfin tant pour me délivrer de son importunité, que pour voir dequoi je serois capable sur un sujet qui me paroissoit fort-évident d'un côté mais de l'autre entrainant à des conséquences un peu bien dures si on ne les éclaircit pas bien, je lui promis de faire un Commentaire Philosophique sur les paroles de la parabole nuptiale dont les Convertisseurs c'est-à-dire les persécuteurs abusent, car desormais ce sera la même chose que convertisseurs, & mal honnête homme, & persécuteur, & tout ce qu'on peut dire d'injures,

jures, ainsi je me servirai indifferenment de ces termes, ce qu'il étoit à propos de marquer dès l'entrée.

Il est arrivé au mot de Convertisseur la même chose qu'à celui de Tiran & de Sophiste. Au commencement le mot de Tiran ne vouloit dire autre chose que Roi, & celui de Sophiste que philosophe, mais parce que plusieurs de ceux qui éxerçoient l'autorité Souveraine en abuserent vilainement & cruélement, & que plusieurs de ceux qui professoient la philosophie tomberent dans de fausses & ridicules subtilitez propres à obscurcir la vérité, leurs noms devinrent odieux & ne signifierent plus que de mal honnêtes gens, & respectivement que des cruëls, des opresseurs, des chicaneurs & des fourbes. Voila l'image naïve de la destinée du mot de Convertisseur : il devoit originairement signifier une ame véritablement zélée pour la vérité & pour détromper les errans, mais il ne signifiera plus qu'un Charlatan, qu'un fourbe qu'un voleur, qu'un saccageur de maisons, qu'une ame sans pi-

pitié, sans humanité, sans équité, qu'un homme qui cherche à expier en faisant soufrir les autres, ses impudicitez passées & à venir & tous ses déréglemens, ou si l'on trouve que tous ces atributs ne conviennent pas précisement à chaque Convertisseur disons en moins de mots quel sera le sens juste & légitime desormais de ce terme. Il signifiera un monstre moitié Prêtre & moitié Dragon, & qui comme le Centaure de la fable réünissoit en une même personne l'homme & le cheval, confond en un seul supôt les personnages diferents de Missionnaire qui dispute, & de Soldat qui bourrele un pauvre corps, & qui pille une maison. On dit qu'il y a déja quelques Cabarets en Allemagne qui ont pour Enseigne le Convertisseur habillé sur le modéle de quelques tailles-douces qui ont couru à ce qu'on dit de l'Evêque de Munster Bernard de Galen, où on lui voioit sur la téte une moitié de mitre & une moitié de Casque; une crosse d'une main & un sabre de l'autre; une moitié de rochet & une moitié de cuirasse sur le

*5   corps

PREFACE.

corps & ainsi du reste à proportion, faisant sonner le monte à cheval à la moitié de sa messe, & la charge à l'endroit où il auroit falu donner la bénédiction, & l'Ite missa est. C'est dit-on sur ce modéle *mutatis mutandis*, *les choses à changer étant changées qu'on a fabriqué l'enseigne du Convertisseur fameuse Auberge déja ou Cabaret dans quelques villes Imperiales*. Voiez si M. Arnaud mérite qu'on lui réponde sur ce qu'il a tant relevé ce qu'avoit dit l'agréable Auteur de la politique du Clergé *comme un éloge des Protestans*, qu'ils ne se mettent pas dans le monde sur le pié de Convertisseurs. Il y a dequoi s'étonner que les Imagers de Hollande se soient laissez primer par les Allemans.

M'étant donc résolu de travailler à un Commentaire de nouveau genre sur les fameuses paroles, Contrain-les d'entrer, je crus qu'il faloit dépaïser un peu M^{rs} les Convertisseurs, je veux dire les tirer de leurs lieux communs, & leur proposer des dificultez sur lesquelles ils n'aient pas en
en-

PREFACE.

encore le tems d'inventer des échapatoires, car voila le grand but des Ecrivains de ce parti là, ils s'atachent bien moins à prouver leur Tése, qu'à éluder les raisons dont on les acable semblables à ces faux témoins, Grecs de nation desquels Ciceron a si bien dépeint le caractére, nunquam laborant quemadmodum probent quod dicunt, sed quemadmodum se explicent dicendo. Ainsi je prévois que s'ils me répondent, ils laisseront mes principales dificultez, & chercheront si je me suis contredit en quelque lieu, si j'ai fait quelque remarque qui soit un faux raisonnement, si mes principes ont des conséquences absurdes. S'ils ne font que cela je leur déclare de bonne heure que je ne me tiendrai pas pour refuté, ni ma cause moins victorieuse dans le fond, car la victoire d'une cause ne se perd pas parce qu'il sera arrivé à un Avocat de ne raisonner pas toujours juste, d'avoir des pensées en un lieu qui ne sont pas tout à fait la suite de celles qu'il a euës en un autre, de pousser trop loin en a

PREFACE.

tains endroits sa pointe, de s'égarer quelquefois. Tout cela m'est arrivé peut-être, mais comme nonobstant ces defauts qui ne sont que ceux de la personne du Défenseur, & non pas ceux de la cause, je croi avoir dit des choses qui établissent incontestablement ce que j'ai voulu soûtenir, je déclare encore un coup que si les Convertisseurs veulent se justifier il faut qu'ils répondent à ce que je dis de fort & de raisonnable, & qu'ils n'imitent pas cette métode des Controversistes qui fait qu'il n'y a point de livre si terrassant contre lequel on ne publie de réponses, & qui consiste en ce qu'on cherche les endroits où un Auteur aura mal cité un passage, employé une raison tantôt d'une maniere tantôt d'une autre, & que l'on peut retorquer, & commis tels autres defauts presque inévitables. Un homme qui sait ramasser tous ces endroits, & détacher quelque raison de ce qui en fait l'apui dans les pages précédentes, & la véritable fin
··sion auquel l'Auteur l'avoit destinée
grosse réponse au meilleur livre,
la-

laquelle paroît triompher à ceux qui ne comparent pas éxactement & sans préocupation les deux piéces. Voila d'où vient qu'on répond à tout, mais à proprement parler ce n'est pas refuter un livre, c'est laisser sa cause dans les fers, c'est seulement faire l'Errata de son Adversaire, & pour moi si on ne fait autre chose contre ce livre je me tiendrai pour Vainqueur.

Comme je l'ai fait à la priere d'un François Refugié, & pour être traduit en François, & à l'ocasion des persécutions qui ont été faites en France aux Protestans, je n'ai point cité d'autres livres que ceux qui sont très-connus aux Convertisseurs François. Sans cela j'aurois pû renvoier souvent mon Lecteur à de tresexcellens Ouvrages qui ont été écrits en langue Angloise sur la question de la tolérance. Il n'y a point de nation qui produise autant d'Ecrits sur cela que la nôtre parce qu'il y a bien des Sectes qui depuis long-tems y sont traversées par la Dominante. Les Papistes eux mêmes sont les

pré-

prémiers en ce Païs-ci à crier qu'il n'y a rien de plus-injuste que de véxer la consience. Pensée ridicule en leur bouche, & non seulement ridicule, mais traîtresse & de cette mauvaise foi qui est leur compagne inseparable depuis tant de siécles, car ils n'atendroient pas trois ans à brûler & égorger tous ceux qui ne voudroient pas aller à la messe s'ils aqueroient des forces bastantes pour cela, & si l'on avoit la lâcheté de tant de parasites de Cour ames Vénales, & indignes de la Réligion Protestante dont ils ont du moins l'extérieur, qui travaillent au renversement de la barriére fondamentalle qui balance si salutairement la puissance monarchique. Mais j'espére qu'il restera d'assez bonnes ames & d'assez bons Patriotes & bons Protestans pour corriger les mauvais éfets de la complaisance de ces faux fréres, & qu'ainsi Dieu nous conservera le calme dont nous jouissons quoique sous un Souverain Catholique. Les malheurs qui sont arrivez à nos fréres de France tourneront comme il y a aparence à nôtre profit. Ils

nous

nous ont remis dans la nécessaire défiance du Papisme, ils nous ont fait voir que cette fausse Réligion ne s'amende pas par le long âge, qu'elle est toujours comme au tems jadis animée de l'Esprit de fourbe & de crüauté, & que malgré la politesse l'honnêteté la civilité qui régne dans les manieres de ce siécle plus qu'en aucun autre, elle est toujours brutale & farouche. Chose étrange tout ce qu'il y avoit de grossier dans les mœurs de nos ancêtres s'est évanoüi; à cét air rustique & sauvage des vieux tems à succedé par toute l'Europe Chrétienne une douceur & une civilité extrême. Il n'y a que le Papisme qui ne se sent point du changement, & qui retient toujours son ancienne & habituelle ferocité. Nous nous imaginions nous autres Anglois que c'étoit une bête aprivoisée, un Loup & un Tigre qui avoit oublié son naturel sauvage, mais Dieu merci aux Convertisseurs de France nous nous sommes desabusez, & nous savons à qui nous aurions à faire si nôtre sort étoit entre leurs mains. C'est principalement des vices de

Réli-

Réligion que l'on peut dire qu'ils ne s'aprivoisent jamais de bonne foi, *nunquam bona fide vitia mansuescunt.* Dieu veuille que de plus en plus nous profitions de la calamité de nos fréres pour nous tenir dans une juste précaution.

Cette ferocité du Papisme ne doit pas être suputée comme on faisoit il y a un an par un parallele entre l'augmentation de politesse de ce siécle, & la diminution des peines dont il s'est servi pour les conversions. Nous disions il y a autant de barbarie à Draguonner encachoter, encloîtrer, &c. les gens de contraire Réligion dans un siécle poli, éclairé, honnête comme le nôtre, qu'il y en avoit à les suplicier par la main des bourreaux dans des Siécles d'ignorance grossiers, sauvages, où l'on n'avoit pas bien quitté les mœurs Scithes, Gothiques, Vandaliques, & Sarmatiques des peuples qui inonderent autrefois l'Empire Romain, & qui y fonderent les Roiaumes & Etats qui sont aujourd'hui dans l'Europe Occidentale. C'est moins à des gens qui n'ont pas encore dépouillé

PREFACE. xvij

poüillé cette barbarie de leurs Ancêtres, & qui n'ont pas eu le tems de s'habitüer avec de nouvelles opinions, de faire mourir ceux qui les professent, qu'il ne l'est à des gens qui ont dépoüillé tout à fait la roüille de leur prémiére origine qui se sont civilisez par la culture des siences & des beaux arts, qui ont vécu toute leur vie dans les mêmes villes, mêmes conversations, mêmes parties de divertissement bien souvent avec ceux de la Réligion, porté les armes pour les même interêts, & de la même afection avec eux, de les chicaner, inquiéter, tourmenter, véxer en leurs biens, & en leurs personnes comme on l'a fait en France. Voila comment nous trouvions l'égalité, & quelquefois même la longueur des peines nous sembloit emporter la balance, mais néanmoins ce dernier suplice, cette mort par la main du Bourreau qui ne se trouvoit pas dans la derniere persécution empêchoit la plûpart des gens de la trouver égale avec celle des siécles passez, à moins qu'on ne fit compensation de ce qu'il y avoit de moins de ri-

gueur

gueur dans ce siécle-ci avec ce qu'il y avoit de plus d'ignorance, & de ferocité grossiere dans les autres tems, mais sans toutes ces compensations, voici l'égalité toute nette entre persécution & persécution: qu'on les compare but à but & par abstraction aux circonstances du plus ou du moins de politesse des siécles, on les trouvera égales depuis la déclaration du mois de Juillet dernier qui défend à peine de la mort par tout le Roiaume de France tout éxercice d'autre Réligion que de la Romaine, & qui s'éxécute sans remission par tout où l'on a le courage de faire le moindre éxercice. Suposons les Réformez de France aussi courageux que l'étoient leurs Ancêtres sous François I. & Henri II. ou que l'étoient les Anglois sous le régne de Marie, vous ne verriez pas moins de potences aujourd'hui qu'autrefois. Pesons bien cela & considérons quel malheur nous pendroit sur la tête si nous laissions croître le Papisme dans ces bien-heureux Climats. Je ne veux pas que cela nous porte à faire aucunes représailles sur les Papistes; non

je

PREFACE.

je déteste ces imitations ; je souhaite seulement qu'ils n'aquierent pas la force d'éxécuter sur nous ce qu'ils savent faire.

Quand je dis que les Protestans ne se doivent pas servir de représailles lors qu'ils le peuvent, ce n'est pas pour la pitoiable raison qu'en donne un Auteur François dans un [1] livre qu'on m'a prêté depuis que mon Commentaire est imprimé. Cette raison est si bourruë que je n'aurois jamais deviné qu'on s'en serviroit, & c'est pour cela que je ne m'en suis pas fait une objection. Mais j'avois tort de croire qu'il y ait quelque chose de trop absurde pour ces Messieurs là, il semble qu'ils prennent pour leur Caractère de se rendre aussi ridicules dans leurs Apologies, que terribles dans leurs exploits, & on ne sauroit assez admirer que dans une nation où il y a tant de bonnes plumes on laisse imprimer tant de méchantes justifications de ce qu'on a fait. Il vaudroit mieux se taire que se défendre si pitoiablement. Voici la plaisante

---

[1] Conformité de la conduite de l'Eglise de Fr. avec celle d'Afriqne.

sante pensée de cét Auteur. Il introduit quelques personnes craignant que les violences faites à ceux de la Réligion en France ne nuisent aux Catholiques en d'autres Païs.

Toujours est il à craindre, disent quelques-uns, que les Protestans voiant la maniere dont on les traite présentement en France ne se croient en droit de traiter ainsi les Catholiques dans les lieux où ils sont les maîtres. Mais en vérité il faudroit avoir perdu toute honte pour prétendre que des gens sortis de l'Eglise depuis moins de deux cens ans & de la maniere que tout le monde sait, des gens qui n'ont d'autorité que celle qu'ils se sont donnée à eux-mêmes, & que quiconque voudra se séparer pourra se donner avec tout autant de couleur fussent dans les mêmes droits que l'Eglise Catholique qui aiant été fondée par Jesus-Chrit & par les Apôtres s'est maintenuë sans interruption

PREFACE. xxj

tion dans la succession de tous les siécles & se maintiendra jusques à la fin du monde sans que la malice & les artifices de toutes les Sectes qui s'en séparent puisse jamais la faire méconnoître.... Il faut donc avoir perdu toute honte encore une fois pour prétendre que des enfans revoltez eussent autant de droit sur leur mére qu'elle en a sur eux & que pour faire entrer dans leur Communion ceux qui n'en ont jamais été ils pussent prendre les mêmes voies que l'Eglise est en droit de prendre pour faire rentrer dans la sienne ceux qui ne sauroient discouvenir d'en être sortis. Ainsi il ne faut pas craindre que ce qui se passe présentement en France puisse être tiré à consequence en faveur des Protestans. Ils peuvent faire la même chose dans les lieux où ils sont les plus-forts mais ce qui est à l'égard de l'Eglise une conduite sainte & réguliere parce qu'elle est fondée sur une autorité légiti-

légitime ne seroit à leur égard qu'une opression tirannique parce que l'autorité leur manque. Comme les Rois punissent du dernier suplice ceux qu'ils trouvent les armes à la main contre eux, des revoltez ont quelquefois fait le même traitement à des prisonniers qu'ils avoient fait sur les troupes du Roi. D'où vient donc que la même chose est une action de justice à l'égard du Souverain & un atentat à l'égard des autres ? C'est que d'une part elle se fait avec une autorité légitime, & que de l'autre elle se fait sans autorité. Il en sera de même quand ceux qui se sont revoltez contre l'Eglise voudront faire entrer les Catoliques dans leur Communion par les même voies par où l'Eglise tâche de les faire entrer dans la sienne.

Je demande pardon à mon Lecteur de lui mettre ici devant les yeux la copie d'un si long tissu d'impertinences. Est-ce ce que ces gens là feront toujours des enfans, & raifonneront toujours en enfans, avec toute l'habileté qu'ils peuvent avoir d'ailleurs? Eft-ce que jamais on ne leur fera comprendre ce qui faute aux yeux de tout le monde, qu'il n'y a rien de plus-ridicule que de raifonner en fupofant toujours ce qui eft en queftion? Il s'agit entre eux & nous fi l'Eglife Romaine eft la véritable Eglife; le bon fens veut que nous prouvions qu'elle ne l'eft pas par des Principes communs, & non pas par nôtre prétention même qu'elle ne l'eft pas, & qu'eux de leur côté prouvent qu'elle l'eft non pas par leur prétention (cela n'eft pas pardonnable à un écolier à Defpautere,) mais par des maximes qui nous foient communes à eux & à nous. On leur a repréfenté cela mille & mille fois, on l'a fait férieufement, on l'a fait en les tournant en ridicules; mais rien ne les fauroit guerir, ils réviennent toujours à leur vieux jargon, nous fommes l'Eglife, & vous étez des rebelles, donc nous pouvons vous châtier, fans que vous nous puiffiez rendre

de

de droit la pareille. Quel fond de patience est sufisant pour ces choses.

Il y a des gens qui nous disent avec le même sang froid, & le même air d'extravaguer gravement, que pour bien juger si les Huguenots ont droit de se plaindre il faut se représenter le jugement que l'Eglise Gallicane fait d'eux, c'est qu'elle les considére comme des enfans rebelles sur lesquels elle a retenu l'autorité du châtiment pour les faire rentrer dans leur devoir. Il faut que j'avouë que je ne comprens plus où ces gens là puisent tant de misérables pagnoteries (qu'il me soit permis de me servir de ce mot-là pour représenter des fadaises dont on ne peut assez exprimer la bassesse & le ridicule) ne voient ils pas que la prétention des Protestans une fois posée leur donne un prétexte plus-plausible de persécuter le Papisme, que ne l'est celui que le Papisme emprunte de sa prétention.

La prétention des Protestans est que l'Eglise Romaine bien loin d'être cette épouse de Jesus-Christ, qui est la mére des

vrais

PREFACE.

vrais Chrétiens, n'est qu'une infame prostituée qui s'est saisie de la maison, assistée d'une troupe de Rufiens, de coupe-jarets, & de gens de sac & de corde, qui en a chassé le pére, la mére & les enfans, qui a égorgé de ces enfans le plus qu'elle a pû, qui a forcé les autres à la reconnoître pour la maîtresse légitime, ou les a contraints de vivre éxilez. Ces enfans éxilez, ces enfans qui ne peuvent plus vivre dans la honte de faire semblant de reconnoître pour leur mére une putain qui a chassé leur mére, & qui a tüé une partie de leurs fréres, ce sont les Protestans ; ou du moins ils le prétendent. Voila donc d'un côté une Eglise qui prétend être la mére de famille, & que ceux qui ne la reconnoissent pas pour telle sont des enfans desobéïssans, & voila de l'autre des enfans qui prétendent que ce n'est qu'une abominable paillarde qui s'est saisie par force de la maison & en a chassé la véritable maîtresse, & les véritables héritiers pour y introduire ses satellites, & les complices de sa débauche. A ne considérer

PREFACE.

que les prétentions respectives des parties la rigueur est plus-naturelle & plus-raisonnable dans les Protestans que dans l'Eglise Romaine. Car l'Eglise Romaine en suposant ses prétentions doit conserver une tendresse de mére pour les Protestans, & ne doit se servir que d'une correction modérée pour les ramener à l'obéissance. On sait comment David donna ordre que l'on épargnât son fils Absalon qui avoit armé contre lui, & poussé la rebellion aussi loin qu'il avoit pû, & il y a bien peu de méres qui n'aiment mieux soufrir les insolences de leurs enfans, que de les en acuser devant les Juges lors qu'elles croient qu'ils en seroient punis de mort. Ainsi les suplices éfroiables que l'Eglise Romaine a fait soufrir aux Hérétiques pendant tant de siécles sont une rigueur d'autant plus denaturée & monstrüeuse que plus on suposera ses prétentions.

Mais en suposant les prétentions des Protestans leurs rigueurs les plus-sévéres seroient dans l'ordre des choses humaines. Car lors qu'il s'agit de venger une mére indigne-

indignement chassée de sa maison par une putain, & de la rétablir chez elle, la nature soufre que des enfans aient toute la vigueur & toute la véhémence imaginable, & on ne trouve point mauvais qu'ils n'aient ni pour cette vilaine femme qui avoit usurpé leur bien, ni pour ses fauteurs & adherans aucune indulgence.

Sans que j'épluche periode par periode le passage ci-dessus cité, le lecteur intelligent connoît déja quel en est le ridicule, & que jamais rien n'a été plus-raisonnable que le seroit la crainte de ces quelques uns, si les Protestans vouloient imiter l'Eglise Romaine. Car qu'on se représente un peu l'état où les 2. Réligions vivoient il y a 20. ans, en suposant leurs prétentions respectives. l'Eglise Romaine se croiant la mére de tous les Chrétiens avoit trouvé à propos pour le bien des enfans qui la reconnoissoient, de ne pas poursuivre ses droits sur ceux qui persévéroient dans leur desobéissance. L'Eglise Protestante croiant la Romaine une adulteresse qui au préjudice de ses droits faisoit la

malmaîtresse dans la maison soufroit pour le bien de la paix qu'elle en ocupât les plus-beaux apartemens, & suspendoit le droit qu'elle avoit de poursuivre la punition des fauteurs & des adherans de cette impudique usurpatrice. C'étoit donc un état de Tréve; l'Eglise Romaine vient à violer la Tréve, & se met à poursuivre ses prétentions, contraignant tout ce qui étoit en France dans le parti de sa Rivale à se ranger dans son parti. Qui ne voit que la Protestante a tous les droits du monde sur le pié où nous concevons la chose, de poursuivre la punition des complices de l'usurpatrice. De sorte que l'Eglise Anglicane pourroit dire aujourdhui à tous les Papistes Anglois. Je vous ai remis la peine qui vous étoit deuë pour avoir perséveré dans le parti d'une putain qui m'avoit chassée de la maison moi qui étois la véritable mére de famille, mais puis qu'elle maltraite mes fidéles enfans, je ne veux plus diferer la peine qui vous est deuë.

Qu'on

PRÉFACE.

Qu'on voie le jugement de cét Auteur qui dit par deux fois, qu'il faut avoir perdu toute honte pour prétendre que des enfans revoltez eussent autant de droit sur leur mére qu'elle en a sur eux. *Mais qui lui a dit que les Protestans sont des enfans revoltez, sinon sa propre marotte, de suposer toujours ce qui est en question? Il faloit pour être un peu éxact proposer ainsi l'état de la question*; il faut avoir perdu toute honte pour prétendre que des enfans qui ne veulent pas reconnoître pour leur mére celle qu'ils croient n'être qu'une brigande adulteresse prostituée à tout venant, eussent autant de droit de la châtier, qu'une mére en a sur ceux qu'elle prétend être ses enfans. *La chose étant ainsi proposée bien loin qu'il faille avoir perdu toute honte pour prétendre cela, qu'il faut avoir perdu le sens commun pour ne le prétendre pas, car quel droit peut-être plus légitime que celui des enfans pour chasser de leur maison une*

vilaine

vilaine femme qui deshonore leur famille, & la mémoire de leur pére, qui exclut leur mére de son doüaire & de de tous ses droits de viduité, & gaspille leurs biens avec un parti de Débauchez valets & servantes qu'elle a séduits. Demeurer dans son parti aprés même que la mére éxilée a été retablie dans sa maison comme elle l'a été Dieu merci en Angleterre par ses fidéles enfans, c'est comme ci aprés le rapel du Sérénissime Roi Charles II. & son rétablissement au trône de ses Ancêtres, on avoit voulu persévérer dans le parti de Cromwel. Et qu'on ne dise pas qu'il y a bien de la diference puis que l'usurpation de Cromwel n'avoit duré que 9. ou 10. ans, car nous convenons tous de ce principe commun, qu'il n'y a point de prescription contre la vérité, & ainsi encore que ce seroit à présent une entreprise injuste aux descendans de Charlemagne s'il y en avoit, de vouloir détrôner les descendans de Hugues Capet, la longue possession aiant rectifié l'injustice qui fût faite à la famille de Charlemagne par ce Hugues,

ce

PREFACE.

ce n'eſt jamais une injuſtice de vouloir au bout de mille, de deux-mille ans & plus de poſſeſſion du menſonge rapeler la vérité de ſon éxil & la remettre dans tous ſes droits. Et par là on fait tomber, & on les a fait tomber ſi ſouvent qu'on a honte de le redire, tous les lieux communs des Papiſtes, ſur la ſucceſſion non interrompuë &c. tout ce qu'ils peuvent dire n'empêchant pas que le menſonge n'ait pû chaſſer la vérité, il faut voir ſi la choſe eſt éfectivement arrivée comme le prétendent les Proteſtans. Il faut voir qui a droit ou qui a tort dans le fond, car s'il ne s'agit que de prétendre & ſi cela ſuſit pour perſécuter, tout le monde perſécutera, chacun dira qu'il eſt perſécuté injuſtement & qu'il perſécute juſtement, & en atendant que Dieu vuide ce grand procez à la fin du monde les plus-forts oprimeront toûjours les plus-foibles à bon conte. Ne ſont-ce pas là de beaux principes?

Il eſt donc clair que le droit de perſécuter ne ſauroit être conteſté aux Proteſtans par la raiſon ridicule dont s'eſt ſervi cét Auteur, mais seulement par celles que j'ai établies dans cét Ouvrage, qui l'ôtent universellement à toutes les Réligions.

Je ne dirai rien en particulier sur l'éxemple dont il se sert d'un Roi qui châtie ses sujets revoltez, & de ceux-ci qui usent quelquefois de représailles sur les prisonniers qu'ils font sur les troupes du Roi, car l'aplication qu'il en fait n'est que la marotte ordinaire de son parti. Il faut qu'il sache que les Protestans se regardent comme ceux qui combatent pour la Reine légitime, & les Papistes comme les sujets rebelles de cette Reine qui l'avoient dépouillée de presque tous ses Etats, & qui lui en retiennent encore la plus-considérable partie, demeurant opiniâtrement dans l'obéïssance d'une adulteresse tres-légitimement repudiée, & qui continuë ses prostitutions.

Présentement il faut que je dise quelque chose sur une objection qu'on me peut faire sur ce que les loix de ce Roiaume excluent de toutes charges les Papistes, & éxigent d'eux le serment de suprematie.

N'est

N'est ce pas tenter les gens dira-t-on, un ambitieux ne se portera t-il pas à trahi ce que sa consience lui dicte lors qu'il verra une belle charge pour recompense de son hipocrisie. Je répons selon mes principes qu'il y a sans doute quelque defaut dans ces loix en ce qu'elles n'excluent pas aussi tous les nouveaux convertis, car si elles les excluoient pour toute leur vie & leurs enfans qui n'auroient abjuré le Papisme qu'après y avoir été amplement instruits je ne trouverois rien de plus-raisonnable & de plus-nécessaire que ces loix: non pas que je croie que la fausse Réligion des Papistes considérée simplement comme telle soit une juste raison de faire des loix contre ceux qui la professent. Non ce n'est point cela. Je crois que la justice de ces loix n'est fondée que sur ce qu'ils ont des dogmes incompatibles avec le repos public d'un Roiaume où ils ne dominent pas; comme qu'il faut contraindre d'entrer les héretiques; qu'un Roi héretique ne doit pas être obéi &c. car je veux qu'il y ait des particuliers qui ne croient pas que l'obéissance à un Roi hérétique soit mauvaise, il sufit que chaque particulier le puisse croire comme un dogme véritable, & plus goûté à Rome, & plus-conforme à l'ésprit de plusieurs Conciles, que le sentiment oposé, cela dis-je, sufit pour qu'on ne se fie jamais à des sujets Catholiques, qu'à bonnes enseignes d'autant plus qu'ils introduisent clandestinement dans le païs des moines, & des Emissaires de la Cour de Rome qui cherchent toutes les ocasions de brouiller, & de faire tomber la Souveraineté sur des têtes de leur Réligion, aprés quoi ils ne parlent que d'abatre les têtes de l'hidre infernale de l'hérésie, & de sacrifier à cela toutes promesses faites au contraire. Le régne d'Elizabeth & celui de son successeur (pour ne rien dire des 2. suivans ont fait voir jusqu'où ils poussent l'horreur & l'énormité de leurs entreprises contre les Souverains de contraire Réligion de sorte qu'il y auroit eu une imprudence très-criminelle dans cette nation si elle ne se fût pas précautionnée contre ce parti en lui fermant l'entrée des char-

PREFACE. xxxv

charges, dont il auroit abusé pour se mettre en état d'exécuter les noires & infames maximes de persécution qui sont sa doctrine favorite. Et quant au serment de suprêmatie je trouve qu'on a été bien simple & qu'on a bien fait de l'honneur aux Papistes de croire que cela servit de quelque chose contre eux, car tout homme qui croit que l'on peut contraindre d'entrer, comme on le croit dans la Communion Romaine, où ce seroit une hérésie que d'assurer que la contrainte est mauvaise, puis qu'elle a été si souvent commandée par les Conciles & par les Papes, peut croire que le décalogue n'est pas fait pour ceux qui travaillent à l'augmentation de la Réligion, de sorte que comme ils sont dispensez de la défense de dérober & de tüer, ils sont nécessairement dispensez de celle de se parjurer, & ainsi il n'y a aucun fonds à faire sur tous leurs sermens: on a beau dire que le Concile de Constance n'a point défini qu'il ne faut point garder la foi aux Hérétiques: n'est-ce pas assez qu'on croie qu'il les faut faire mourir,

rir, car par là on se croit dispensé à leur égard de l'obligation de ne point tüer, or cette obligation n'est pas moindre que celle de tenir ce qu'on a promis. Mais je n'insiste pas sur ceci; on le verra traité plus au long dans ce Commentaire.

C'est une doctrine si abominable que celle qui autorise de forcer d'entrer dans la Réligion qu'on croit bonne, qu'avec toute l'aversion que j'ai pour l'intolérance, je ne croi pas qu'on puisse soufrir sans crime que le Papisme aquiere les forces nécessaires de contraindre, ainsi une prudence indispensable oblige de le bannir des lieux où il peut être suspect, & d'y ex auctorer tous les Grands, tous les Magistrats, & toutes personnes constituées en dignité dés qu'il apert de leur Catholicité. J'excepte la personne des Rois, car l'éminence de la Roiauté & l'onction sacrée de leur personne doit faire en leur faveur une exception aux loix les plus-générales, & ainsi il leur doit être permis sans courir nul risque de ce qui leur apartient par le droit de leur naissance, d'être Papistes, s'ils

PREFACE. xxxvij

s'ils veulent, Juifs, Turcs & Païens. Mais pour tous les autres, ou il faut les faire décamper, ou leur ôter tout moien de troubler le repos public.

Par les seuls motifs d'une sage politique, d'une politique qui travaille au bien général de tous les hommes, il seroit à souhaiter que tout ce qu'il y a de Princes Chrétiens non Papistes s'unissent ensemble pour ôter de dessus le Christianisme l'oprobre dont il est couvert à cause des horribles persécutions qu'il a pratiquées de tems immémorial: si cette Ligue ne sufisoit pas souhaitons lui l'adjonction de tous les peuples Infidéles de l'un & de l'autre continent jusques à la concurrence d'un corps capable de mettre à la raison le Papisme, le deshonneur de la Chrétienté & même du genre humain. Ce ne seroit pas une ligue moins honnéte que celle qu'on feroit contre les Corsaires de Barbarie, & comme on pourroit éxiger de ceux-ci fort-justement qu'ils ne voleroient plus, qu'ils ne troubleroient plus le commerce par leurs infames Pirateries, de même on pourroit re-

** 7　　　　　dui-

duire fort-juſtement la Papauté à promettre de ne perſécuter plus, & à caſſer tous les Décrets des Conciles, toutes les Bulles des Papes, & toutes les Déciſions des Caſuiſtes qui autoriſent la perſécution; mais parce qu'il ſeroit juſte de craindre qu'elle ne ſe relevât de ſa promeſſe dés que le péril ſeroit paſſé, pour obvier à ce mal il faudroit lui demander des ôtages, & mettre des conditions ſi onereuſes à ſon dédit, qu'elle n'oſât jamais violer le Traité que l'on feroit avec elle. Voila des projets qui ſeroient fort-propres à épargner au monde de grandes déſolations, mais ils ne laiſſent pas d'être chimériques, & comme l'a fort bien dit l'Auteur qui eſt cauſe qu'on a fait ce Commentaire, le Papiſme eſt trop néceſſaire à la providence qui doit vouloir, pour punir le genre humain, qu'il ſoit ridicule & malheureux, pour eſpérer que rien ſoit capable d'en délivrer le monde, & je connois un fort-bon eſprit qui aiant mis en queſtion, s'il y auroit une Egliſe Romaine dans les Enfers c'eſt-à-dire un Corps de gens qui ſe gouvernât par les

fu-

PREFACE. xxxix

furieuses & abominables maximes de cette Réligion, répondit qu'oui & que sans cela il manqueroit quelque chose au malheur de ceux qui doivent demeurer dans ces noirs abîmes.

Ce n'est pas sans raison que dans mon projet imaginaire j'y ai fait entrer les Infidéles de l'un & de l'autre continent, car quoi qu'ils n'aient pas un interêt aussi prochain que nous à l'abolition du dogme impie de la persécution, ils y en ont tous un plus ou moins éloigné selon qu'ils sont plus ou moins reculez des lieux où les Missionnaires se fourrent & sur tout cette forte & noire machine qui étend ses bras jusques à la Chine. Il ne faut point douter que le but du Pape & de ses supots ne soit de subjuguer tout le monde. Ils y sont portez par l'interêt de dominer & d'amasser des richesses, & par la confusion où les jettent les Protestans toutes les fois qu'ils leur montrent combien il est ridicule de s'atribuër le titre d'Eglise Universelle, pendant qu'il y a tant de peuples qui n'en ont pas seulement oüi parler. Or pour sa-
tis-

tisfaire leur ambition, & leur avarice, & n'avoir plus la honte de ne répondre rien qui vaille à cette objection des Protestans, il ne faut point douter qu'ils n'emploient aussi-tôt qu'ils le pourront chez les Infidéles leur chere & aimable Compagne la contrainte des signatures. Les Jesuites ont avoüé eux-mêmes du vivant de leur fondateur qu'ils l'avoient emploiée dans les Indes. On trouve dans leurs lettres écrites de ce païs-là que les Brachmanes ne sachant que répondre se retranchoient dans cette seule raison, qu'ils vouloient vivre comme leurs ancétres, & qu'ils s'y opiniâtroient tellement qu'ils ne vouloient se rendre à aucune preuve qu'on leur aléguât pour si forte qu'elle fût, qu'alors le Vice-Roi pour abréger cette afaire apliqua un coin dur à ce neud dur, faisant publier une loi que tous ceux qui ne se convertiroient pas dans 40. jours seroient éxilez, & que ceux qui ne voudroient pas sortir perdroient tous leurs biens & seroient menez aux Galéres. C'est Scioppius qui reproche cela aux Jesuites dans

sa

PREFACE. XLj

sa Critique de Famianus Strada, où il remarque plusieurs choses à ce propos qui sont tres-bonnes, mais les plus-mal-placées du monde dans cét Auteur puis qu'il avoit déja été un boute-feu par ses E-crits, & que son Classicum belli sacri *imprimé l'an* 1619. *est rempli des plus exécrables maximes qui se puissent voir par raport à la destruction de ceux qu'on croit héretiques. Il a néanmoins raison de reprocher aux Jesuites l'instabilité de leurs dogmes sur ce qu'ils avoient fait imprimer en Allemagne depuis* 7. *ans un é-crit intitulé* Justa defensio *où ils se mo-quoient de quelques Moines qui soûtenoient qu'il ne faloit emploier que les armes Apostoliques pour la conversion des errans, cela est bon, disoient ils, à l'égard des infidéles, mais non pas à l'égard des héretiques, le véritable moien pour ceux-ci sont les menaces & les châtimens. Pourquoi donc emploient-ils aussi le même moien contre les Païens dans les Indes?*

La vérité est que ceux qui ont à faire l'apologie des persécutions ne savent comme s'y prendre. S'ils n'ont persécuté que

les

PRÉFACE.

les Héretiques, & qu'on leur alégue l'éxemple des Apôtres, ils répondent que cét éxemple seroit à suivre si on avoit à faire à des Infidéles comme avoit les Apôtres, mais que les Héretiques étant des enfans rebelles, l'Eglise retient plus de droit sur eux que sur les Païens. Ils ne voient pas que c'est fournir des armes aux Juifs & aux Païens contre ceux d'entre eux qui se convertissoient à l'Evangile, & les leur fournir de telle sorte que si les convertis avoient voulu contraindre ceux qui persistoient dans la Réligion de leurs péres, on auroit pû leur dire qu'il faut avoir perdu toute honte pour prétendre que le droit des enfans rebelles sur leur mére soit le même que celui de leur mére sur eux. *Que si on contraint les infidéles, comme on l'a fait dans les 2. Indes d'une maniere qui fait dresser les cheveux, alors il faut qu'on se serve nécessairement d'une nouvelle tablature, aléguer les Empereurs Chrétiens, qui fort-ignorans de la distinction qu'on fait aujourd'hui entre les héretiques & les infidé-*
les,

PREFACE. xliij

les, condannoient à la mort les Païens, & citer la parabole à pur & à plein & sans nulle restriction. Ainsi on a tels ou tels principes selon le besoin, rien d'arrêté, partout des contradictions comme on le verra si on prend la peine de lire avec soin ce que le Pape Gregoire le Grand & son nouvel Historien [1] Maimbourg ont dit sur la maniere de convertir les Juifs & autres. Pour faire voir que ces Messieurs ont des principes à tems il ne faut que considérer que le Sr. Maimbourg écrivant dans un tems où l'on ne forçoit pas encore les gens à communier en France, desaprouve hautement cette contrainte car il dit qu'en contraignant les Juifs de recevoir le St. Batême malgré qu'ils en eussent on causoit autant de profanations d'une chose si Sainte & de Sacriléges qu'il y avoit de Batisez parmi les Juifs. En condannant la contrainte du Batême on condanne nécessairement celle de communier. Il aprouvoit en ce tems-là tous les moiens dont on s'étoit

---

[1] Histoire de Greg. p. 241. & suiv. edit. de Holl.

s'étoit servi contre les Réformez, mais parce que celui de contraindre à communier n'avoit pas besoin d'Apologie & qu'il ne prévoioit pas qu'il en auroit, il le condanna hardiment; aujourdhui il faudra qu'il trouve une autre défaite.

Mr. Diroys [1] que j'ai cité dans le corps de mon Commentaire se doit trouver bien embarrassé de sa contenance car il s'ensuit de ce qu'il a dit que sa Réligion ne vaut rien. Ecoutons le, taillant en piéces le Mahométisme sans prendre garde qu'il perce de part en part des mêmes coups le Catholicisme.

Le 4. Caractère de fausseté, dit-il, dans cette Réligion de Mahomet, c'est qu'au lieu que les véritables Réligions comme celles des Juifs & des Chrétiens ne reçoivent personne à en faire profession, s'il ne paroît qu'il est persuadé de leur vérité parce que l'Hipocrisie ne fait qu'augmenter l'impiété, celle de Mahomet éxige en plusieurs rencon-

[1] Preuves de la Rélig. Chrét. l. 6. ch. 5.

contres une confession forcée des personnes qui la détestent. Si un homme a donné quoi que sans y penser ou étant ivre quelque marque exterieure qu'on l'aprouve, s'il en a parlé avec mépris, s'il a frapé un Mahométan même en se défendant s'il a abusé d'une femme de cette Réligion, ou s'il l'a épousée, il n'y a point d'autre moien d'expier ces crimes ou véritables ou prétendus que de faire profession extérieure de cette Réligion quoi que la repugnance que l'on témoigne fasse voir qu'on n'en est nullement persuadé.

On a fait voir *continuë t'il*, en parlant de la Réligion des Gentils que cette éxaction d'une profession forcée d'une Réligion dont on n'est pas persuadé est une preuve évidente que l'esprit qui l'a conduit est un esprit ennemi de la vérité & de la piété puisque rien n'est plus oposé à la vérité, à la vertu,
& à

PREFACE.

& à la piété véritable que la profession extérieure d'une Réligion qu'on ne croit pas. Les Juifs avant Jesus-Chrit & quelquefois les Chrétiens depuis son avenement ont à la vérité puni de mort les crimes que l'on commettoit contre leur Réligion, mais on ne se délivroit point de cette peine en la recevant. Ainsi ce n'étoit que la crainte de Dieu & la persuasion de la vérité qui pouvoit porter ces criminels à reconnoître leur faute, & la Réligion qu'ils avoient blasphêmée. A tant *Monsieur Diroys.*

O le beau Commentaire qu'on pourroit faire sur ce passage, mais il n'en est pas besoin, chaque Lecteur le fera, & apliquera à la conduite de France chaque coup de foudre qui lui convient dans ce discours. Je remarquerai seulement que ce savant Docteur de Sorbonne est du même avis que j'ai posé dans mon livre savoir que ceux qui condannent à mort les Hérétiques à telle condition qu'ils peuvent racheter

PREFACE.

cheter leur vie en disant qu'ils abjurent leur hérésie font beaucoup plus-mal que s'ils les condannoient sans remission. Les Espagnols & les Portugais qui font frémir tous les ans les vrais Chrétiens avec leurs détestables autos de fe, dont les Gazetes nous parlent, font fort-bien, leur prémier crime une fois posé, je veux dire le suplice d'un pauvre Juif, de ne lui point donner la vie en cas qu'il dise qu'il se fait Chrétien, & ils feroient encore mieux de n'adoucir point sa peine en se contentant de l'étrangler, y aiant bien aparence que c'est la peur d'être brûlé vif qui lui extorque une feinte conversion.

Je voudrois bien savoir comment Mr. Diroys, envoié Missionnaire à la Chine avec son livre, pourroit soûtenir la vûe de quelques Chinois qui le liroient aprés avoir lû les relations que les Protestans leur pourroient & leur devroient fournir de ce que fait & qu'a fait le Papisme dans l'Europe, dans l'Amerique, & dans les Indes. Ne diroient-ils pas à Monsieur le Missionnaire que par ses propres Principes

cipes l'éxaction d'une profession forcée est une preuve qu'une Réligion est conduite par un esprit ennemi de la vérité & de la piété. Il ne le sauroit nier. Ne lui diroient-ils pas aussi que tout nouvellement en France la Réligion, que lui Mr. Diroys vient prêcher, a éxigé une profession forcée, jusques à contraindre de communier ceux qu'on venoit de contraindre de signer, & à menacer des Galéres ceux qui guériroient aprés avoir refusé de communier, & d'être trainez sur une claie à la voirie ceux qui mourroient aprés un semblable refus. Il n'oseroit le nier s'il voioit que les Protestans envoiassent à la Chine les arrêts qui se publient à Paris, ou pour mieux dire s'il étoit honnête homme comme on le veut cróire. La conclusion est inévitable comme ceci, donc la Réligion que Mr. Diroys Docteur de Sorbonne vient annoncer est conduite par un esprit ennemi de la vérité & de la piété, Sur quoi tous les honnêtes gens Chrétiens & non Chrétiens s'écrieroient ὦ ἡ ὑπέρω, bellè, optimè, nihil supra. Au reste

PREFACE.

reste je m'étonne grandement que la facilité de refuter Mr. Diroys en ce qu'il aplique à l'Eglise Romaine exclusivement à toutes les autres les preuves de la vérité de la Réligion Chrétienne, n'ait porté personne à le faire. Si je m'en mélois moi indigne, je suis seur que je lui montrerois bien-tôt qu'il ne dit sur cela que de pures petitions de principe, & de paralogismes à contradiction.

Quelques personnes de ma connoissance ont été merveilleusement ebahies lors qu'elles ont veu les ordonnances de la traineric sur les claies des corps morts de ceux qui auroient refusé de communier, & de la condannation à mort de tous ceux qui feroient quelque éxercice de la Réligion Réformée en France, & de tous les Ministres qui entreroient dans le Roiaume sans permission, avec une grosse recompense à tous les dénonciateurs, & grosse peine à tous ceux qui les cacheront, à peu prés comme on en usoit durant les Triumvirats à Rome envers les proscripts. Ces personnes m'ont dit qu'elles n'auroient jamais

***

crû

PREFACE.

crû que dans un siécle poli & éclairé comme le nôtre, une nation qui passe pour fort civilisée en vint à ces cruëlles extrémitez. Je leur ai levé ce scrupule, en leur faisant voir qu'il y avoit beaucoup plus de raisons de s'ébahir de ce que l'Eglise Romaine avoit marchandé si longtems à en venir aux derniers suplices, & que comme c'est son œuvre accoûtumée & l'operation qu'elle a le plus pratiquée, & le blanc que ses traits décochez ont le plus-souvent touché, il faloit selon le cours ordinaire de la nature & le train des choses humaines, qu'elle eût frapé beaucoup plûtôt ce coup-là & que la fléche qui a donné au milieu de son blanc n'eût pas été la 4. ou 5. centiéme décochée contre le Huguenotisme. Et quant à ce qu'ils me disoient de la civilité du siécle, je leur ai fait entendre raison, c'est à savoir que les fausses Réligions sont exceptées du nombre des choses qui s'humanisent. La crüauté est leur caractére indélébile, elles ont bien pû éfacer dans le cœur des péres & des méres la tendresse pour leurs enfans

que

PREFACE.

que la nature enracine si vivement, elles ont bien pû les porter à rôtir & à immoler ces innocentes créatures

Aulide quo pacto Triviaï Virginis arma
Iphianassaï turparunt sanguine fœde
Ductores Danaûm delecti prima virorum.

Pourquoi épargneroient elles la vie de leurs Adversaires? C'est à présent que l'Eglise Romaine est dans la posture qui lui sied le mieux, tout ce qu'elle avoit fait jusqu'ici en France pouvoit bien avoir le fond & la réalité d'une grande crüauté, mais il y manquoit l'éclat, présentement tout y est, & ainsi elle a tant tourné autour de son gîte qu'elle s'y est couchée tout de son long, & fort à son aise.

Il me reste à dire deux mots à ceux qui prétendent que les principes de la tolérance introduisent mille confusions dans la République, & qui le veulent prouver par le conseil que Mécene donne à Auguste dans l'Historien Dion Cassius au livre 2.

PREFACE.

servez Dieu *lui dit-il*, en tout tems & en toutes manieres selon la Réligion de vos Ancêtres, & faites que les autres en fassent autant, haïssez & reprimez ceux qui innovent quelque chose dans les matieres de Réligion non seulement à cause des Dieux, mais aussi parce que ces Novateurs en introduisant de nouvelles divinitez poussent plusieurs personnes à troubler l'état, d'où naissent des conjurations, des séditions, des conciliabules, choses préjudiciables à la Monarchie. *Ces paroles considérées en gros & comme venant d'un Politique Païen paroissent de fort-bon sens, néanmoins rien ne peut être plus-ridicule que de s'en servir comme font éternellement les Catoliques Romains, pour pousser les Princes à persécuter les autres Communions Chrétiennes, car* 1. *en vertu de ce conseil Auguste & ses successeurs auroient dû persécuter les Juifs & les Chrétiens, & les Empereurs du Japon de la Chine &c. devroient s'oposer de toutes leurs*

PREFACE.

leurs forces à ceux qui leur parlent du Christianisme, à quoi le Pape ni ses adherans ne s'acorderont pas, & ainsi il faudra qu'ils fassent de la maxime générale de Mécene, cette maxime particuliere, servez Dieu à la maniere de vos ancêtres lors qu'ils auront bien servi Dieu, oposez vous aux innovations excepté quand elles sont bonnes, & des lors c'est un discours vague qui ne peut décider rien. En 2. lieu la maxime de Mecene étoit plus-judicieuse en ce tems-là qu'elle ne l'est aujourd'hui, parce que les Romains acordant pleine liberté de consience à toutes les Sectes du Paganisme, & adoptant souvent les cultes des autres païs, la présomption étoit qu'un homme qui ne trouvoit point son conte dans un culte si étendu & si libre, & qui cherchoit des innovations, avoit pour but de se faire chef de parti, & de cabaler en matiere de politique sous le prétexte du service des Dieux. Mais on ne doit pas aisément présumer cela d'un Chrétien, tant parce qu'il est persuadé que Jesus-Christ nous a laissé une certaine régle qu'il faut suivre éxactement, que parce que l'Eglise Romaine impose la nécessité de croire tout ce qu'elle décide, aprés quoi un homme qui n'est pas persuadé qu'elle ait raison doit en consience & pour éviter l'hipocrisie sortir de son sein

Pour montrer évidenment l'absurdité de ceux qui acusent la tolérance de causer des dissensions dans les Etats, il ne faut qu'en apeller à l'expérience. Le Paganisme étoit divisé en une infinité de Sectes, & rendoit à ses Dieux des cultes fort-diferents les uns des autres, & les Dieux mêmes principaux d'un païs n'étoient pas ceux d'un autre païs, cependant je ne me souviens point d'avoir lû qu'il y ait jamais eu de guerre de Réligion parmi les Païens, si ce n'est contre des gens qui pilloient le temple de Delphes par éxemple: Mais de guerre faite à dessein de contraindre un peuple à quitter sa Réligion pour en prendre une autre je n'en vois point de mention chez les auteurs. Il n'y a que Juvenal qui parle de 2. Villes d'Egypte qui

PREFACE.

qui se haïssoient mortellement à cause que chacune soûtenoit qu'il n'y avoit que ses Dieux qui fussent des Dieux. Par tout ailleurs grand calme, & grande tranquilité, & pourquoi ; parce que les uns toléroient les rites des autres, il est donc vrai comme je le montre dans mon Commentaire que c'est la non-tolérance qui cause tous les desordres qu'on impute faussement à la tolérance. Les Sectes de Philosophie n'ont point troublé le repos public des Atheniens, chacune soûtenoit son sentiment & refutoit celui des autres, & leur dissension n'étoit pas sur peu de chose, quelquefois c'étoit sur la providence, & sur le Souverain bien. Cependant comme les Magistrats leur permettoient à toutes d'enseigner leurs sentimens, & qu'ils ne contraignoient point les unes à s'incorporer malgré elles aux autres, la République ne soufroit aucune altération de cette diversité de sentimens, mais si elle avoit usé de cette contrainte elle eût tout mis en combustion. C'est donc la tolérance qui est la source de la paix, & l'intolérance qui est

PREFACE.

la source de la confusion & du grabuge.

Je finis ce discours Préliminaire par une remarque qui servira d'illustration à ce que j'ai dit des mauvais éfets de la contrainte. J'ai dit que la violence des tourmens fait sucomber des persónnes pleinement persuadées de la vérité de ce qu'ils nient de bouche. Nous en avons un grand éxemple és Chrétiens du I. siécle acusez d'avoir mis le feu à Rome du tems de Neron. Ce Sélerat d'Empereur étoit la cause de cét incendie, & on le croioit aussi. Il faisoit en vain tout ce qu'il pouvoit pour dissiper ces soupçons enfin il s'avisa de jetter la faute sur les Chrétiens, & leur fit soufrir de rudes tortures. Il y en eût qui avoüerent qu'ils étoient coupables, & qui en acuserent un tres-grand nombre d'autres; ils étoient pourtant tous fort-innocens, mais comme les bourreaux sans doute leur déclaroient que le but des tourmens qu'on leur infligeoit étoit qu'ils se confessassent les Auteurs de l'incendie, & qu'ils déclarassent qu'ils avoient beaucoup de complices

PREFACE.

plices (car par ce moien Neron espéroit de se disculper) ils donnerent dans ce panneau acablez sous le poids de la douleur. Ce qui prouve qu'il est extrémement dificile de ne pas mentir lors qu'on est exposé à la tentation des tourmens. Ce qu'il y a de remarquable, c'est que le Martirologe célébre comme des Martirs tous ces prémiers Chrétiens qui furent supliciez en cette ocasion, tant ceux qui eurent la foiblesse de mentir en s'avoüant coupables, & en acusant leurs fréres d'une action tres infame au nom Chrétien, que ceux qui ne tomberent pas dans cette foiblesse. *Igitur primò correpti qui fatebantur*, dit Tacite au livre 15. de ses Annales, *deindè indiciọ eorum multitudo ingens haud perindè in crimine incendii quam odio humani generis convicti.*

Quand on considére ce qu'ont pû les violences sur ces prémiers Chrétiens qui devoient avoir toute l'ardeur qu'une Réligion naissante inspire quand elle est soutenuë par tant de marques visibles &

fraifraîches de la divinité de son fondateur; Quand on considére outre cela les succés qu'ont eu tous ceux qui se sont voulu mêler de persécuter à outrance, on ne peut que concevoir un mépris mêlé de beaucoup d'indignation pour tant d'Ecrivains François qui nous étourdissent les oreilles de leurs basses flateries disant que la destruction du Calvinisme de France est un Ouvrage qui demandoit le plus-grand & le plus-accompli Monarque qui ait jamais été au monde, c'est-à-dire Louis XIV. Un de ces Ecrivains, prédicateur de son métier (ce que je remarque non pas pour augmenter la surprise de mon lecteur mais plûtôt pour la diminuër) prononça en pleine Sorbonne un Panégirique l'année passée, où il dit qu'il faloit [1] plusieurs grandes choses pour abatre les Huguenots; une paix solide avec les voisins, la gloire du Prince répanduë dans tout l'univers, la terreur de son nom portée chez les Etrangers, une grande puissance, beaucoup de douceur &c.

[1] Voiez le Journ. des Sav. du 10. déc. 1685. dans l'Extrait du panégirique, prononcé par Mr. l'Abbé Robert.

&c. il ajoûta que *Louis le Grand* avoit tous ces avantages, que les Rois ses prédécesseurs avoient emploié le fer & le feu pour détruire les hérésies de leur tems, quelques-uns avec succés, quelques autres sans y réüssir, mais que sa Majesté sans employer ces moiens licites avoit terrassé l'hérésie par sa douceur, par sa sagesse, & par sa piété. Voila le langage d'une infinité d'autres Auteurs, même parmi ceux qui ne sont ni Harangueurs ni Sermonneurs. Qui n'en riroit si les maux dont on voit accablé son prochain permettoient qu'on rit des choses les plus-ridicules? Il faloit disent-ils, une gloire répanduë dans tout l'Univers, une terreur de son nom portée chez les Etrangers, & une grande puissance. Pourquoi cela? pour convertir des hérétiques par la douceur, par la sagesse & par la piété. Qui a jamais veu de telles extravagances? Cette terreur, cette puissance, cette gloire serviroient je l'avouë éficacement à contraindre d'entrer dans le giron d'une Eglise ceux qui le refuseroient,

*** 6 & à

& à extorquer par force une signature, mais quand on ne se veut servir que de la douceur, de la sagesse, & de la piété, comme ce Mr. l'Abbé Robert dit dans son panégirique que le Roi l'a fait, je ne vois pas à quoi peut servir de s'être rendu terrible à toute l'Europe? Mais laissant cette contradiction, laissant le reproche qu'on peut faire à ces déclamations Vénales, de dire d'un côté qu'on a tout fait par la douceur, & de l'autre qu'il étoit nécessaire d'être terrible aux étrangers & d'être muni de tres-grandes forces, ce qui marque du moins qu'on avoit dessein de faire peur & d'emploier les violences contre ceux qui ne se rendroient pas de bon gré, laissant dis je, tous ces reproches, je me contente de soutenir qu'il étoit si peu nécessaire d'avoir aquis la gloire que le Roi de France s'étoit aquise par les succés de ses armes, pour contraindre ses sujets par les voies qu'on a emploiées à l'abjuration, qu'il n'y a point eu de Roi faineant sous la 1. & 2. Race qui n'en eût bien fait autant s'il eût eu à faire à des sujets

PREFACE.

sujets conditionnez comme étoient les Huguenots, dispersez dans un grand Roiaume, sans Chef, sans Villes, sans Magazins, entourez & obsédez partout des sujets Papistes & de gens de guerre. Prénez-moi telles gens qu'il vous plaira, de telle Réligion qu'il vous plaira, semez-les en France comme ceux de la Réligion y étoient précisement selon les mêmes situations, suposez un Roi le plus-chetif qui ait jamais porté couronne, mais qui ait des Dragons & des Soldats en quantité; Qu'il leur donne seulement ordre de traitter leurs hôtes comme on a traitté en France les prétendus héretiques, je suis seur & tout homme de bon sens m'en avoüera s'il y pense meurement, que les gens que je supose changeront de Réligion presque tous. Mais d'où vient donc que Charles IX. ni Henri III. n'ont pû terrasser la Secte? Ce n'est pas à cause qu'il leur manquoit des qualitez personnelles qui se trouvent dans le Roi à présent régnant, c'est que les Huguenots étoient armez, & en état de se servir de représailles, & ou-

tre

tre cela bien zélez pour leur Réligion. Si ces Princes avoient trouvé cette Réligion dans leur Roiaume au point où elle y étoit il y a 10. ans, ils l'eussent aussi bien ruinée qu'on vient de le faire. Je dis donc que son afoiblissement une fois posé, qui est dû principalement à Louis XIII. il n'a plus falu ni gloire formidable dans les païs Etrangers, ni de grandes qualitez personnelles ; il n'a falu d'un côté que la capacité de se représenter d'un air sec & impitoiable le sacagement d'une partie de ses sujets, & la captivité de quelques familles, & de l'autre plusieurs Soldats acoûtumez à la barbarie, il n'a falu, dis-je, que cela pour l'exploit que l'on vante tant. Les Chilperics & les Wenceslas y seroient aussi propres que les Charlemagnes dans les circonstances ci-dessus marquées.

D'où paroît de plus en plus le manque de jugement des Panégiristes François qui ne sauroient dire 3. mots avec quelque justesse & sans se couper. Je m'étonne tous les jours que parmi tant de Refugiez qui écrivent sur les afaires présentes de
Ré-

PREFACE.

Réligion, il n'y en ait pas eu qui aient compilé des Extraits de tout ce que les Catoliques de France en disent dans leurs livres. On y verroit le plus étrange cahos de pensées incompatibles & inaliables entre elles qui se puisse voir. Quelcun m'a dit qu'on vouloit prier Mr. Colomies de se donner cette peine.

A peine excepte-je l'ancienne Eglise primitive de ce que j'ai dit en général. Je sai qu'il a été de l'ordre de la providence qu'elle s'établit sans le secours du bras de la chair, & malgré les traverses du monde, & que pour cela il a inspiré un zéle extraordinaire aux fidéles de ce tems-là, mais je ne laisse pas de croire que le calme dont ils jouissoient de tems en tems, & quelquefois pour plusieurs années, a fort contribüé à l'établissement du Christianisme. Il est certain que nous n'avons l'Histoire des 10. persécutions que par des Historiens peu éxacts, & que cela est tout plein de déclamations & d'hiperboles, & assurément le Christianisme eût péri, Dieu ne faisant point un miracle continu pendant 3. siécles, si
les

les Empereurs Païens se fussent tous apliquez comme il faut à le ruïner, mais Dieu leur faisoit naître d'autres pensées & d'autres afaires qui les obligeoient à laisser en paix les Chrétiens, & c'est ce qui a autant prosperé l'Eglise Chrétienne que la patience dans les persécutions.

Je ne saurois finir sans une réfléxion sur ces paroles du Panégirique de Mr. l'Abbé Robert Grand Pénitencier de l'Eglise de Paris, que sa Majesté n'a point emploié les moiens licites savoir le fer & le feu dont ses Ancêtres se sont servis contre les Héresies de leur tems. Voila comment on parle devant toute la Sorbonne, voila en général le langage du Papisme; le fer & le feu sont des moiens bons & permis contre ceux qui ne sont pas Ortodoxes. Si cela est comment est-il possible que le Duc de Guise, qui fût tüé par Poltrot, ait prononcé avec tant d'emphase la sentence qu'on lui attribuë & dont on lui fait tant d'honneur. On conte qu'au siége de Roüen un Gentilhomme Huguenot lui aiant été amené qui avoit eu dessein de le tüer,

PREFACE. LXV

tüer, & qui lui avoüa que ce n'étoit point par haine qu'il eût conçuë contre sa personne, mais qu'il avoit crû y être obligé pour servir sa Réligion, le Duc en le relâchant lui dit, va t'en, si ta Réligion te commande d'assassiner ceux qui ne t'ont jamais ofensé, la mienne m'oblige à te donner la vie que j'ai droit de te faire perdre, juge par là quelle est la meilleure. Ce seroit avoir parlé sagement & Chrétiennement si l'on n'avoit pas été Catolique & à la tête d'une armée persécutante, mais quand on songe que celui qui parle ainsi est un persécuteur de Réligion, on ne peut que se moquer de lui comme d'un homme qui agit en Comédien & qui fait de la Réligion une Mommerie ; qui pardonne par faste & par bravade à un simple particulier digne de mort pendant qu'il éxerce une crüauté sauvage & abominable sur tout un grand Corps de gens innocens. Ce Duc de Guise n'étoit-il pas de la même Réligion que François I. & Henri II n'avoit-il pas aprouvé & conseillé l'Edit de Châ-
teau

teau Briant, & celui de Romorantin qui soumettoient les Protestans à la mort? n'avoit-il pas travaillé de tout son pouvoir à l'établissement de l'Inquisition en France, ce qui eût été proprement établir une boucherie d'hommes, une Chambre ardente toûjours siégeante & environnée de bourreaux? N'avoit-il pas été le principal promoteur du dessein que la mort précipitée de François II. rompit, qui étoit d'envoier des troupes par toutes les Provinces & de faire signer un Formulaire à tous les François à peine pour les refusans (& c'étoit la plus-douce punition) d'être chassez du Roiaume & d'être dépouillez de tous leurs biens, mais combien en auroit-on fait mourir? N'étoit-ce pas encore ce même Duc qui avoit soufert que ses gens massacrassent à Vassi plusieurs Huguenots qui prioient Dieu dans une Grange? en un mot l'obstination qu'il témoigna pour que ces pauvres gens fussent toûjours punissables du dernier suplice ne fût-elle pas la cause des guerres civiles de Réligion, qu'on n'eût jamais vûës en France

France si on les eût laissé prier Dieu à leur maniere? Et ne faisoit-il pas cela par zéle de Réligion? l'auroit-il fait s'il eût été Païen? N'auroit-il pas soufert les Protestans aussi bien que les Papistes? Ce qu'il en faisoit n'étoit-il pas aprouvé par le Pape & par le Clergé? Comment donc pouvoit-il dire que sa Réligion lui ordonnoit de pardonner à ceux qui l'avoient ofensé, puis qu'elle l'engageoit à faire mourir & à tourmenter en mille manieres une infinité de gens qui ne lui faisoient aucun mal, & qui ne demandoient qu'à servir Dieu selon les lumieres de leur consience? Voila l'énorme turpitude, & qui tient d'une espece de Farce, des Réligions qui persécutent & qui contraignent d'entrer. Un homme d'une telle Réligion ne fera pas dificulté de protester que pour ce qui le concerne en sa personne il pardonne à un homme de diferente Réligion les ofenses qu'il en a reçuës, mais il ne laisse pas de l'envoier au gibet ou aux galéres sous prétexte qu'il n'a pas la véritable foi, & fût-ce une personne de qui il auroit reçû

du

PREFACE.

du service. En bonne foi ce Duc ne songeoit guere à ce qu'il disoit, puis qu'il osoit comparer les 2. Réligions, & donner l'avantage à la sienne en ce qui regarde la charité. Le Gentilhomme qui avoit conspiré contre lui croiant que sa mort seroit avantageuse à la Réligion Protestante ne suivoit pas la vraie doctrine de son parti, car il n'y a point de Téologien Protestant qui ne dise, prêche, & soutienne qu'il n'est pas permis, afin de procurer l'avantage de sa Réligion, d'assassiner, mais le Duc conformement à une doctrine aprouvée, & mille fois commandée dans sa Réligion, opinoit dans le conseil du Roi à faire des Edits qui condannassent à mort une infinité de bonnes gens, & il n'avoit veine qui ne tendit à l'extirpation de la Secte par les voies les plus violentes. Avec ces dispositions n'est-ce pas se moquer du monde que de se glorifier qu'on a une Réligion qui ordonne de pardonner. C'est à quoi je prie les Convertisseurs de faire attention. Ils se mettent dans un état que toutes les plus belles maximes

PREFACE. LXIX

ximes de la morale Chrétienne deviennent dans leur bouche des fornettes, & des ironies de farceur, ou un vain Galimatias. Car oferont-ils dire que pour l'amour de Jefus-Chrit ils facrifient leur reffentiment, ils pardonnent les injures qui leur font faites, ils cherchent la paix & la juftice? Oferont-ils dire cela lors qu'on pourra leur reprocher que par la contrainte qu'ils croient pouvoir faire Chrétiennement à la confience, ils font dans l'engagement de piller, de batre, d'emprifonner, d'enlever, de faire mourir une infinité de perfonnes qui ne font nul tort à l'Etat, ni à leur prochain, & qui ne font nulle autre faute, que de ne pas croire par refpect pour Dieu ce que d'autres croient aussi par refpect pour Dieu.

Nôtre fiécle, & je croi que les précédens ne lui en doivent gueres, eft plein d'efprits forts, & de Déiftes. On s'en étonne, mais pour moi je m'étonne qu'il n'y en ait pas davantage veu les ravages que la Réligion produit dans le monde, & l'extinction qu'elle amene par des confé-

quences

quences presque inévitables de toute vertu en autorisant pour sa prospérité temporelle tous les crimes imaginables, l'homicide, le brigandage, l'éxil, le rapt, &c. qui produisent une infinité d'autres abominations, l'hipocrisie, la profanation sacrilége des sacremens &c. Mais je laisse à mon Commentaire à pousser cette matiere.

TABLE

TABLE DES MATIERES.

Pour le *Discours Préliminaire*.

Occasion de cét Ouvrage. pag. v

Ce que c'est que *Convertisseur*. p. vij

Comment on le peint dans une Enseigne d'Auberge. p. ix

D'où vient qu'on répond aux meilleurs livres. p. xij

Plainte ridicule des Catoliques Anglois p. xiv

La politesse universelle du siécle n'a pû rien sur la ferocité du Papisme p. xv

Egalité de la persécution présente avec les passées sans faire compensation de rien p. xvij

Refu-

TABLE.

Refutation de ceux qui disent que les persécutions faites aux Protestans ne leur donnent point lieu d'en faire autant aux Catoliques. p. xxiij

Suposant la prétention des uns & des autres, les Protestans auroient plus de raison que les Papistes de persécuter. p. xxv

Ce que pourroit dire l'Eglise Anglicane aux Papistes. p. xxviij

La vérité ne soufre point prescription comme un Roiaume. p. xxx

Jugement sur les loix d'Angleterre contre les Papistes. p. xxxiij

Exception pour les Rois. p. xxxvj

Projet imaginaire mais dont l'éxécution seroit tres-utile contre le Papisme. p. xxxvij

Raisons des Missions. p. xxxix

Reproche de *Scioppius* aux Jesuites. p. xl

Embarras des Apologistes des persécutions. p. xlij

Citation du Sr. *Maimbourg*. p. xliij

Passage de Mr. *Diroys* contre les

Avan-

TABLE.

professions forcées. p. XLIV

Avantages qu'il donne aux Infidéles contre les Miſſionnaires
p. XLviij

Réfléxion ſur l'arrêt contre les recuſans de communier, & contre ceux qui éxerceront en France quelque acte de Réligion Proteſtante p. XLIX

Réfléxion ſur le conſeil donné à *Auguſte* de ne point ſoufrir les innovations de Réligion p. Lj

Le Paganiſme eſt une preuve que la tolérance ne nuit point aux Sociétez p. LIV.

Les prémiers Chrétiens ſous Neron ſuccomberent à la force des tourmens p. LVj.

Ils ſont pourtant au Martirologe p. LVij

Refutation de ceux qui diſent que pour ruïner les Proteſtans de France il faloit le plus-grand Roi du monde p. LVIIj

L'ancienne Egliſe eût été perſé-

TABLE.

cutée sans relâche   p. LXiij

Réfléxion sur ce que le *Duc de Guise* pardonna à un Huguenot qui le vouloit assassiner. Ridicule de la sentence qu'on dit qu'il prononça en cette ocasion   p. LXIV

Toutes les véritez morales de l'Evangile deviennent une farce en la bouche d'un *Convertisseur*   p. LXIX

Pour

TABLE.

Pour la 1 Partie du Commentaire.

Chapitre I.

Que la lumiere naturelle, ou les principes généraux de nos connoissances, sont la régle matrice & originale de toute interprétation de l'Ecriture en matiere de mœurs principalement.   pag. 1

Tous les Téologiens rendent hommage à la Philosophie   p. 7
Pourquoi toutes les véritez particulieres doivent être éxaminées par la droite raison   p. 10
Par quelle lumiere Adam a connu qu'il devoit s'abstenir du fruit défendu   p. 14
Aprés la chute d'Adam le recours à la lumiere naturelle a été plus indispensable   p. 17
Réfléxion sur les loix de Moïse   p. 20

TABLE.

Importance & nécessité de consulter la lumiere naturelle p. 23
Que les Catoliques Romains retombent-là aprés leurs grands circuits p. 25

Chapitre II.

Prémiére Refutation du sens literal de ces paroles *Contrain-les d'entrer*, par la raison qu'il est contraire aux plus-distinctes idées de la lumiére naturelle. p. 28

Les actes de Réligion purement externes ne sauroient plaire à Dieu p. 29
En quoi consiste la Réligion p. 31
La contrainte est incapable d'inspirer la Réligion p. 35

Chapitre III.

Seconde Refutation du même sens literal, par la raison qu'il est contraire à l'esprit de l'Evangile.
p. 39

TABLE.

L'Evangile a été verifié sur la lumiere naturelle p. 41

Excélence de l'Evangile sur la loi de Moïse p. 47

La douceur étoit le caractére dominant de Jesus-Chrit p. 49

Conséquence tres-injurieuse à Jesus-Chrit du sens de contrainte que l'on donne à ses paroles. p. 53

Chapitre IV.

Troisiéme Refutation du sens literal, par la raison qu'il bouleverse les bornes qui séparent la justice d'avec l'injustice, & qu'il confond le vice avec la vertu, à la ruïne universelle des Sociétez. p. 56

Refutation de ceux qui disent qu'un Roi peut loger ses gens de guerre chez qui il lui plait p. 59

Et de ceux qui disent que les Huguenots ont contrevenu aux Edits p. 60

TABLE.

Le droit de contraindre est le renversement Général du Décalogue p. 64
Et le sacagement reciproque des diferens partis, & la source continuelle des Guerres civiles p. 68
Exception ridicule pour les Rois que font quelques Catoliques Romains p. 71

CHAPITRE V.

Quatriéme Refutation du sens literal, par la raison qu'il fournit un prétexte tres-plausible & tres-raisonnable aux Infidéles de ne laisser entrer aucun Chrétien dans leur Païs, & de les chasser de tous les lieux où ils les trouvent.

p. 74

Tous peuples sont obligez de donner audience à ceux qui leur promettent la découverte de la vraie Réligion p. 76, 357
Suposition de la demande que devroit faire un Roi de la Chine aux Missionnaires du Pape p. 80

Et

TABLE.

Et de la réponse de ces Missionnaires p. 82
Suites que doit avoir la réponse p. 86
Obligation indispensable de chasser les auteurs de la réponse p. 87
1. Preuve de cette obligation ib.
2. Preuve p. 90
3. Preuve p. 91
Récapitulation de ces preuves p. 95
Refutation de ceux qui diroient qu'il ne faudroit pas avouer au Roi de la Chine que Jesus-Chrit eût ordonné la contrainte p. 97
Infamie du Christianisme en cas qu'on pût attendre à déclarer cét ordre jusques au tems propre pour l'éxécution p. 100

CHAPITRE VI.

Cinquiéme Refutation du sens literal par la raison qu'il ne peut-être éxécuté sans des crimes inévitables. Que ce n'est pas une excuse que de dire qu'on ne punit les héretiques que parce qu'ils

TABLE.

qu'ils ont contrevenu aux Edits. p. 103

Plan Général des crimes compliquez dans la derniere persécution p. 106
Cas de consience à proposer aux Confesseurs des Dragons qui ont sacagé les maisons des Protestans p. 110
Péchez particuliers aux gens d'Eglise dans cette persécution p. 113
Refutation de ceux qui diroient qu'on n'a pas prévû tous ces desordres, & qu'encore que Jesus-Chrit en ait prévû il n'a pas laissé de faire prêcher p. 117
Et de ceux qui diroient que le succés des Dragonneries *en repare tout le mal* p. 121
Et de ceux qui diroient qu'on n'a fait qu'infliger les peines établies contre les desobéissans p. 123
Conditions nécessaires à une loi p. 126
Defaut essentiel dans les Souverains de puissance pour faire des loix en matiere de Réligion p. 132
Instance contre les Adversaires prise de quelques

TABLE.

ques loix d'un Grand Duc de Moscovie p. 141
Et de quelques autres loix moins odieuses p. 145

CHAPITRE VII.

Sixiéme Refutation du sens literal, par la raison qu'il ôte à la Réligion Chrétienne un fort argument dont elle se sert contre le Mahométisme. 149

Raisonnement de M. Diroys contre les Mahométans retourné contre les Papistes. p. 151

CHAPITRE VIII.

Septiéme Refutaton du sens literal, par la raison qu'il a été inconnu aux Péres pendant une longue suite d'années. p. 153

Doctrine des Péres sur la persécution p. 157

**** 5   Cette

TABLE.

Cette même doctrine se présente d'elle-même aux Papistes lors qu'ils n'écrivent pas actuellement en faveur de la persécution
p. 161

CHAPITRE IX.

Huitiéme Refutation du sens literal, par la raison qu'il rend vaines les plaintes des prémiers Chrétiens contre les persécutions Paiennes.

Supposition d'une Conférence entre des Députez de la primitive Eglise, & quelque Ministre des Empereurs p. 164
Discours du Commissaire Impérial. *ib.*
Réponse des Députez p. 165
Replique du Commissaire p. 167
Replique des Députez p. 169
Duplique du Commissaire p. 171
Autre instance contre les Députez, & preuve que la violence auroit été commandée directement & non par accident
p. 173

CHA-

TABLE.

CHAPITRE X.

Neuviéme & derniere Refutation du sens literal, par la raison qu'il exposeroit les vrais Chrétiens à une opreffion continuelle sans qu'on peut rien aléguer pour en arrêter le cours que le fond même des dogmes contestez entre les persécutez & les persécuteurs, ce qui n'est qu'une chetive *petition de principe* qui n'empêcheroit pas que le monde ne devint un Coupe-gorge.   p. 181

Confidération de ce qui se passeroit de secte à secte du Christianisme.   p. 186.
Vaine & ridicule excuse sur ce que l'on auroit la vérité de son côté.   p. 188

TABLE.

Pour la 2 Partie du Commentaire.

CHAPITRE I.

PRémiére objection ; On n'use point de violences afin de gêner la conſience, mais pour réveiller ceux qui refuſent d'éxaminer la vérité. Illuſion de cette penſée. Examen de ce qu'on apelle OPINIATRETE   p. 193

Combien les paſſions empêchent de faire un bon éxamen   p. 194

Que l'état où les perſécuteurs mettent les gens afin de les obliger d'éxaminer, les empêche de bien choiſir   p. 198

Ce qui ſe pourroit dire contre la ſageſſe de Jeſus-Chriſt, s'il avoit ordonné la perſécution comme une préparation à l'éxamen.
       p. 202

Dilemme contre les Adverſaires.   p. 207

Que

TABLE.

Que leurs persécutions seroient sans fruit si elles n'avoient pour but de contraindre enfin la conscience p. 208

Examen de ce qu'on apelle opiniâtreté. p. 210

Impossibilité de la discerner de la constance. p. 211

Ce n'est pas une marque d'opiniâtreté de persister dans sa Réligion aprés avoir été reduit au silence par un Controversiste. p. 214

L'Evidence est une qualité rélative p. 218

On ne peut jamais convaincre un particulier que l'explication qu'on lui a donnée sur certaines matieres est sufisante. p. 223.

Chapitre II.

Seconde Objection; On rend odieux le sens literal en jugeant des voies de Dieu par les voies des hommes : encore que les hommes soient en état de mal juger lors qu'ils agissent par passion,

**** 7 il

TABLE.

il ne s'enfuit pas que Dieu ne fasse son œuvre là dedans par les ressorts admirables de sa Providence. Fausseté de cette pensée, & quels sont les éfets ordinaires des persécutions. p. 225

Refutation de ceux qui auroient recours à la maxime *les voies de Dieu ne sont pas nos voies* p. 226

Diférence entre la bonté emploiée contre l'aveuglement du corps, & la persécution emploiée contre l'aveuglement de l'esprit p. 229

Preuve tirée de ce qu'il n'est pas permis de faire tort à un homme pour le corriger de ses vices p. 233

Que l'expérience prouve que les persécutions ne sont pas une cause ocasionnelle établie de Dieu pour conférer l'illumination de l'esprit p. 237

Revuë générale des éfets que produisent les persécutions p. 242

Opofition des maximes des Papistes de France & d'Angleterre p. 246

Ré-

TABLE.

Réfléxion de Michel de Montagne *sur le suplice de la question* p. 251

Pensée de Mezerai *sur le suplice d'*Anne du Bourg p. 257

CHAPITRE III.

Troisiéme objection. On outre malignement les choses en faisant paroître la contrainte commandée par Jesus-Chrit sous l'image d'échafauts, de rouës & de gibets, au lieu qu'on ne devoit parler que d'amandes, éxils, & autres petites incommoditez. Absurdité de cette excuse, & que suposé le sens literal le dernier suplice est plus-raisonnable que les manieres chicaneuses & que les pilleries & captivitez dont on s'est servi en France. 259

I. *Preuve que posé le sens de contrainte les rouës & les Bûchers sont tres-légitimes contre les errans* p. 261

II. *Preu-*

TABLE.

II. Preuve tirée de l'utilité des suplices pour grossir la Communion qui s'en sert p. 267

Aplication de tout ce qui se peut dire pour les persécutions non sanglantes aux sanglantes p. 269

Incapacité des Auteurs François pour insulter aux Espagnols sur l'Inquisition. p. 275

Nouvelle Apologie des persécutions les plus atroces, comme du Duc d'Albe *posé le sens de contrainte* p. 278

Remarques contre le P. Alexandre *Dominicain* p. 282

Absurditez de Juste Lipse *dans son Traité* de una Religione p. 285

Dilemme de Tertullien contre les persécuteurs mitigez p. 290

Martire de l'Empereur de Trebisonde p. 293

CHA-

TABLE

Chapitre IV.

Quatriéme objection; on ne peut condanner le sens literal de ces paroles *Contrain-les d'entrer*, sans condanner en même tems les loix que Dieu a établies parmi les Juifs, & la conduite que les Prophétes ont quelquefois tenuë. Disparité & raisons particulieres pour l'ancienne loi qui n'ont point lieu sous l'Evangile.
p. 295

Quand on punit les Héretiques c'est un moindre mal de les faire mourir soit qu'ils disent qu'ils veulent changer, soit qu'ils ne le disent pas, que de les renvoier absous lors qu'ils disent qu'ils veulent changer
p. 291, 297

Principe primordial pour résoudre l'objection tirée de l'éxemple de Moïse qui fait tant jaser les Déistes contre l'Ecriture p. 299, 301

Qu'il

TABLE.

Qu'il n'est point contre l'ordre qu'un Legiflateur fasse 2. loix dont l'une empêche l'éxécution de l'autre p. 302

L'Idolâtrie n'a été punie par les loix de Moïse, qu'en qualité de sédition contre le gouvernement civil p. 311

Réflexion sur l'action d'Elie p. 312

IV. *Diferences entre les loix de Moïse & celles de l'Evangile* p. 314

CHAPITRE V.

Cinquiéme Objection; les Proteſtans ne peuvent blâmer le ſens literal de contrainte ſans condanner les plus-ſages Empereurs & les Péres de l'Egliſe & ſans ſe condanner eux-mêmes puis qu'ils ne ſouffrent point en certains lieux les autres Réligions, & qu'ils ont quelquefois puni de mort les Héretiques, Servet par éxemple. Illuſion de ceux qui font cette objection; raiſons particu-

TABLE.

ticulieres de ne pas tolérer les Papistes. p. 323

Refutation courte & générale de ce qu'on alégué si souvent la conduite des anciens Empereurs p. 325
Foiblesse de l'Empereur Théodose *& sa servitude sous son clergé* p. 329
Considérations sur la conduite des Princes Protestans qui ne souffrent qu'une Réligion p. 334
Il est permis aux Souverains de défendre qu'on enseigne ce qui choque les loix politiques p. 336
Sur ce pié il peut être permis de faire des loix contre le Papisme *& en vertu de ce qu'il enseigne la non tolérance* p. 340
Comparaison de l'intolérance des Papistes & des Protestans p. 346
Réfléxion sur un endroit de l'Edit qui a revoqué celui de Nantes p. 352
Considération des divers dégrez de l'intolérance p. 353
1. *Dégré* p. 354

2. Dé-

TABLE.

2. Dégré   p. 355
3. Dégré   p. 358

CHAPITRE VI.

Sixiéme objection; l'opinion de la tolérance ne peut que jetter l'Etat dans toutes sortes de confusions, & produire une bigarrure horrible de Sectes qui défigurent le Christianisme. Réponse à cette pensée; en quel sens les Princes doivent être les nourriciers de l'Eglise.   p. 361

Obscurité de nos connoissances   p. 361
Si la diversité des Réligions cause quelque mal politique, c'est uniquement à cause de l'intolérance.   p. 363
Devoir d'un Souverain lors qu'il s'éléve des Novateurs   p. 368
Comment il doit être le Nourricier de l'Eglise   p. 370
Comment ils ne portent par l'épée sans cause   p. 372

2. Gran-

TABLE.

2. *Grandes diferences entre un voleur ou un Meurtrier & un Hérétique qui empoisonne les ames* p. 375

Comparaison de ceux qui déclament contre les Hérétiques avec ceux qui feroient la guerre à un Prince parce qu'il auroit écrit à leur Roi d'une maniere tres-respectueuse selon les idées de ce Prince, mais incivile selon les idées & le goût des sujets de ce Roi p. 379

La bigarrure des Sectes est un moindre mal que le carnage des Hérétiques qu'à fait le Papisme p. 385

Bigarrure de l'Eglise Romaine p. 389

Que même veu la condition de l'homme la tolérance des Nouveautez peut subsister avec le repos public sous des Princes sages; ce qu'il faut faire pour cela. p. 391

TABLE.

Chapitre VII.

Septiéme objection ; on ne peut nier la contrainte au sens literal sans introduire une tolérance générale. Réponse à cela, & que la conséquence est vraie mais non pas absurde : éxamen des restrictions de quelques demi-tolérans.
P. 395

Preuves que la tolérance doit être générale 1. *à l'égard des Juifs* p. 397
2. *A l'égard des Mahometans, avantage qui reviendroit à l'Evangile de l'Echange des Missionnaires entre les Turcs & nous* p. 398
3. *A l'égard des Païens* p. 402
4. *A l'égard des Sociniens. Remarques sur ce qu'on apelle* blasphême p. 406
Si les Héretiques qu'on apelle blasphêmateurs sont punissables, il n'y a presque point de Secte qui ne soit punissable à l'égard des autres p. 408

TABLE.

Refutation de ceux qui disent qu'il ne faut pas tolérer les hérésies qui renversent les fondemens p. 412

Et de ceux qui distinguent les Sectes qui commencent de celles qu'on trouve établies & l'Hérésiarque de celui qu'il trompe p. 414

CHAPITRE. VIII.

Huitiéme Objection : on rend odieux malicieusement le sens literal de contrainte en suposant faussement qu'il autorise les violences que l'on fait à la vérité. Réponse à cela où l'on montre qu'éfectivement ce sens literal autorise les persécutions suscitées à la bonne cause, & que la consience qui est dans l'erreur a les mêmes droits que celle qui n'y est pas p. 417

Il est quelquefois plus-avantageux de disputer

TABLE.

ter avec un grand esprit qu'avec un petit p. 418

Que tout ce qui est fait contre la conscience est péché p. 419

Et le plus grand péché qui se puisse dans son espece p. 421

Comparaison à l'avantage de la conscience entre ce qui se fait de mal par son ordre, & ce qui seroit un bien, mais qui se fait contre son ordre p. 424

Qu'il n'y a point de bonté morale dans une aumône donnée contre le dictamen de la conscience p. 427

Qu'il y a quelque bonté morale dans le refus de l'aumône selon le dictamen de la conscience p. 429

Ce qu'il faut pour que des injures dites à un homme soient un péché p. 432

Preuve, que la conscience erronée doit procurer à l'erreur les mêmes apuis que la conscience Ortodoxe doit procurer à la vérité p. 435

Et que si Jesus-Chrit avoit ordonné de persécuter, on ne pourroit épargner sans crime la véritable Réligion que l'on seroit per-

TABLE.

persuadé être fausse p. 439
*Eclaircissement de cette doctrine par la consi-
dération de l'état où seroit un Hérétique
qui sachant cét ordre ne persécuteroit pas*
p. 442
*Que si le droit de persécuter peut être commun
à la vérité & à l'Hérésie, tous autres
droits leur sont communs* p. 449
*Réponse à ceux qui disent simplement & gé-
néralement que la seule obligation d'un
Hérétique est celle de se convertir.* p. 454

Chapitre IX.

Examen de quelques dificultez contre ce qui a été établi dans le Chapitre précédent du droit de la
consience qui est dans l'erreur.
Preuves de ce même droit par des
éxemples. p. 456

*Réfléxion sur les éxemples aléguez dans les
Nouvelles lettres de l'Auteur de la Criti-
que du Calvinisme* p. 457
*Les qualitez objectives des choses fondent

TABLE.

seules le dégré de moralité & non les qualitez phisiques en plusieurs cas   p. 460

Comparaison entre un Juif pillant le temple de Jerusalem, & un Païen pillant le temple de Delphes   p. 467

Examen 1. *de la distinction du fait & du droit.*   p. 472

2. *De ceci, qu'il s'ensuit de nos principes qu'un homme persuadé du sens de contrainte est obligé de persécuter.*   p. 480

3. *De ceci, qu'un Magistrat ne pourroit pas punir ceux qui voleroient par instinct de consience*   p. 481

4. *De ceci, qu'on ne pourroit pas reprimer les blasphêmes d'un Athée*   p. 482

5. *De ceci, qu'on devroit soufrir qu'un homme dogmatisat que les crimes sont permis*   p. 485

6. *De ceci, qu'un homme qui fait un meurtre suivant les instincts de sa consience fait une meilleure action, que s'il ne le faisoit pas*   p. 490

CHA-

TABLE.

Chapitre X.

Suite de la réponse aux dificultez contre le droit de la conscience errante. Examen de ce qu'on dit que si les Héretiques usent de représailles sur ceux qui les persécutent ils ont tort. Preuves que la fausse conscience peut disculper ceux qui la suivent, quoi qu'elle ne le fasse pas toûjours. p. 502

Débrouillement de quelques expressions cruës sur les droits de la consience errante p. 504

Raisons pour prouver qu'en suposant la doctrine des persécuteurs, les Héretiques feroient quelquefois une action tres-innocente en persécutant la vérité. I. *Raison tirée de ce que ces paroles* Contrain-les d'entrer *contiennent un ordre général* p. 508

Absurde glose de quelques-uns sur ces paroles. Faites du bien à tous mais

prin-

TABLE.

principalement aux domestiques de la foi p. 513

II. *Raison tirée de ce que le droit de la consience Ortodoxe est fondé sur une loi générale de Dieu. Exemples sur cela* p. 516

III. *Raison tirée de ce que la loi générale qui est le fondement du droit d'une consience Ortodoxe, ne regarde que les véritez notifiées* p. 523

IV. *Raison tirée de la condition des créatures ausquelles Dieu manifeste ses loix* p. 526

On va au devant par 3. Observations à ce qui pourroit être objecté du péché d'Adam p. 530

Que ce seroit demander l'impossible à l'homme que de prétendre qu'il discernat toutes les ocasions où il croit être Ortodoxe, d'avec celles où il l'est éfectivement p. 534

Réflexion sur les dificultez que l'Eglise Romaine propose contre la voie de l'éxamen p. 537

Comment dans ces principes on n'ôte rien à la grace p. 544

Et

TABLE.

Et on ne sauve pas plus de gens que dans les autres Hypotéses p. 546

Si toute erreur naît de la corruption du cœur p. 548

Expédient & secours que Dieu a fourni à l'homme par raport au corps, c'est de discerner par sentiment ce qui nuit ou est utile à sa vie p. 555

V. Raison tirée de ce que l'opinion contraire reduit l'homme à un Pirronisme plus stupide qu'un tronc p. 558

Reméde à cela en suposant pour l'ame un expédient semblable à celui que Dieu nous fournit pour la nourriture du corps p. 560

VI. Raison tirée de ce que l'opinion contraire rend le choix du Christianisme impossible aux Infidéles p. 563

VII. Raison tirée des éxemples d'erreur qui absolvent de toute faute p. 566

Pensée sur l'ignorance invincible p. 570

Que cette doctrine n'empêche pas l'usage de la S. Ecriture p. 574

Que l'Ecriture peut conserver également ses honneurs & son autorité dans des sectes oposées p. 576

***** 3   CHA-

TABLE.

Chapitre XI.

Resultat de ce qui a été prouvé dans les 2 Chapitres précédens, & au pis aller refutation du sens de contrainte. p. 580

ERRATA.

LE titre du Chap. X. de la 2 Partie finit à ces paroles, *quoi qu'elle ne le fasse pas toûjours*. Le reste imprimé comme si c'étoit le titre est le commencement du Chapitre & devoit être imprimé d'autre caractère.

On ne marque pas les fautes d'impression parce qu'on supose que les Lecteurs intelligens les apercevront d'eux-mêmes.

COM.

COMMENTAIRE PHILOSOPHIQUE

Sur

Ces paroles de l'Evangile selon S. Luc Chap. XIV. ỳ. 23.

Et le Maître dit au serviteur va par les chemins & par les haïes, ET CONTRAIN-LES D'ENTRER, *afin que ma maison soit remplie.*

PREMIERE PARTIE.

Contenant la refutation du sens literal de ce passage.

CHAPITRE I.

Que la lumiere naturelle, ou les princípes généraux de nos connoissances, sont la régle matrice & originale de toute interprétation de l'Ecriture en matiere de mœurs principalement.

JE laisse aux Téologiens & aux Critiques à commenter ce passage en le comparant avec d'autres, en examinant ce qui précede & ce qui

qui suit, en faisant voir la force des termes de l'original, & les divers sens dont ils sont susceptibles, & qu'ils ont effectivement en plusieurs endroits de l'Ecriture. Je prétens faire un Commentaire d'un nouveau genre & l'appuïer sur des principes plus généraux & plus infaillibles que tout ce que l'étude des langues, de la Critique & des lieux Communs me pourroit fournir. Je ne chercherai pas même pourquoi Jesus-Chrit s'est servi de cette expression *contraindre*, ni à quel légitime sens on la doit reduire, ni s'il y a des misteres sous l'écorce de ce mot, je me contente de refuter le sens literal que lui donnent les persecuteurs.

Je m'apuie, pour le refuter invinciblement, sur ce principe de la lumiére naturelle, *que tout sens literal qui contient l'obligation de faire des crimes est faux.* [1] S. Augustin donne cette régle & pour ainsi dire, ce *Criterium*

pour

---

[1] *au* 3. *l. de la doctr. Chrét.*

pour discerner le sens figuré du sens à la lettre. Jesus-Chrit, dit-il, declare que si nous ne mangeons la chair du fils de l'homme nous ne serons point sauvez ; il semble que ce soit nous commander un crime, c'est donc une figure qui nous enjoint de communiquer à la passion du Seigneur, & de mettre agréablement & utilement en la memoire que sa chair a été crucifiée & navrée pour nous. Ce n'est pas ici le lieu d'examiner si ces paroles prouvent que S. Augustin n'a pas été de l'opinion de ceux de l'Eglise Romaine, ou s'il aplique bien sa régle : il suffit de dire qu'il raisonne sur ce principe fondamental & sur cette clef assurée pour entendre bien l'Ecriture, *c'est que si en la prenant literalement on engage l'homme à faire de crimes ou* (pour ôter toute equivoque) *à commettre des actions que la lumiere naturelle, les préceptes du Décalogue & la Morale de l'Evangile nous defendent, il faut tenir pour tout as-*

A 2 *suré*

suré que l'on lui donne un faux sens, & qu'au lieu de la révélation divine, on propose aux peuples ses visions propres, ses passions, & ses préjugez.

A Dieu ne plaise que je veüille étendre autant que font les Sociniens la juridiction de la lumiere naturelle, & des principes Métaphisiques, lors qu'ils prétendent que tout sens donné à l'Ecriture qui n'est pas conforme à cette lumiere & à ces principes-là est à rejetter, & qui en vertu de cette maxime refusent de croire la Trinité & l'Incarnation : Non non, ce n'est pas ce que je prétens sans bornes & sans limites. Je sai bien qu'il y a des axiomes contre lesquels les paroles les plus-expresses & les plus-évidentes de l'Ecriture ne gagneroient rien, comme *que le tout est plus-grand que sa partie ; que si de choses égales on ote choses égales les residus en seront égaux ; qu'il est impossible que deux contradictoires soient véritables ; ou que l'essence d'un sujet subsi-*

subsiste réellement aprés la destruction du sujet. Quand on montreroit cent-fois dans l'Ecriture le contraire de ces propositions ; quand on feroit mille & mille miracles, plus que Moïse & que les Apôtres pour établir la doctrine opposée à ces maximes universelles du sens commun, l'homme fait comme il est n'en croiroit rien, & il se persuaderoit plutôt, ou que l'Ecriture ne parleroit que par Métaphores & par contre-véritez, ou que ces miracles viendroient du Demon, que de croire que la lumiere naturelle fût fausse dans ces maximes. Cela est si vrai que ceux de l'Eglise Romaine tout intéressez qu'ils sont à sacrifier leur Métaphisique, & à nous rendre suspects tous les principes du sens commun, reconnoissent que ni l'Ecriture, ni l'Eglise, ni les miracles ne peuvent rien contre les lumieres évidentes de la raison, par exemple contre ce principe, *le tout est plus-grand*

grand que sa partie. Il faut voir sur cela le P. Valerien Magni Capucin célébre dans le Chap. 8. & 9. du 1. Livre de son jugement sur la régle de foi des Catoliques, & de peur qu'on ne m'objecte que ce n'est qu'un particulier, & que cette objection ne m'engage à citer une infinité d'autres Auteurs Catoliques, je remarquerai en général que tous les Controversistes de ce parti nient que la Transubstantiation soit contraire à la bonne philosophie, & qu'ils inventent mille distinctions & mille subtilitez pour montrer qu'ils ne ruinent pas les principes Métaphisiques. Les Protestans, non plus qu'eux, n'acordent point aux Sociniens que la Trinité ou l'Incarnation soient des dogmes contradictoires ; ils soutiennent & montrent qu'on ne sauroit leur prouver cela. Ainsi tous les Téologiens de quelque parti qu'ils soient, aprés avoir relevé tant qu'il leur a plû la révélation,

tion, le merite de la foi, & la profondeur des Misteres, viennent faire hommage de tout cela aux piez du trône de la raison, & ils reconnoissent quoi qu'ils ne le disent pas en autant de mots, mais leur conduite est un langage assez expressif & éloquent, que le tribunal suprême & qui juge en dernier ressort & sans apel de tout ce qui nous est proposé, est la raison parlant par les axiomes de la lumiere naturelle ou de la Métaphisique. Quon ne dise donc plus que la Téologie est une Reine dont la Philosophie n'est que la servante, car les Téologiens eux-mêmes témoignent par leur conduite qu'ils regardent la Philosophie comme la Reine & la Téologie comme la servante, & de la viennent les efforts & les contorsions qu'ils livrent à leur esprit pour éviter qu'on ne les accuse d'être contraires à la bonne Philosophie. Plûtôt que de s'exposer à cela ils

chan-

changent les principes de la Philofophie, dégradent celle-ci ou celle-là felon qu'ils y trouvent leur conte, mais par toutes ces démarches ils réconnoiffent clairement la fupériorité de la Philofophie; & le befoin effentiel qu'ils ont de lui faire leur Cour; ils ne feroient pas tant d'efforts pour fe la rendre favorable & pour être d'acord avec fes loix, s'ils ne réconnoiffoient que tout dogme qui n'eft point emologué, pour ainfi dire, vérifié & enregîtré au parlement fuprême de la raifon & de la lumiere naturelle, ne peut qu'être d'une autorité chancelante & fragile comme le verre.

Si l'on cherche la véritable raifon de cela on ne manque point de la trouver, c'eft qu'y aiant une lumiere vive & diftincte qui éclaire tous les hommes dés auffi tôt qu'ils ouvrent les yeux de leur attention, & qui les convainc invinciblement de fa vérité, il en faut conclurre que
c'eft

c'eſt Dieu lui-même la vérité eſſentielle & ſubſtantielle qui nous éclaire alors tres-immediatement, & qui nous fait contempler dans ſon eſſence les idées des véritez éternelles contenuë dans les principes, ou dans les notions communes de Métaphiſique. Or pourquoi feroit-il cela à l'égard de ces véritez particulieres, pourquoi les révéleroit-il ainſi dans tous les tems, dans tous les ſiécles, à tous les peuples de la terre moiennant un peu d'attention, & ſans leur laiſſer la liberté de ſuſpendre leur jugement, pourquoi dis-je ſe gouverneroit-il ainſi avec l'homme, ſi ce n'eſt pour lui donner une régle & un *Critere* des autres objets qui s'offrent continuellement à nous en partie faux en partie vrais, tantôt tres-confus & tres-obſcurs, tantôt un peu plus dévelopez. Dieu qui a prévu que les loix de l'union de l'ame & du corps ne permettroient pas que l'union particu-

ticuliere de l'ame avec l'essence divine (union qui paroit réelle aux esprits attentifs & méditatifs, quoi qu'on ne la conçoive pas bien distinctement) lui manifestât clairement toute sorte de véritez, & la garantit de l'erreur, a voulu néanmoins presenter à l'ame une réssource qui ne lui manquât jamais pour discerner le vrai du faux, & cette ressource c'est la lumiere naturelle, ce sont les principes Métaphisiques, auxquels si on compare les doctrines particulieres qu'on rencontre dans les livres ou qu'on aprend de ses précepteurs, on peut trouver comme par une mesure & une régle originale, si elles sont légitimes ou falsifiées. Il s'ensuit donc que nous ne pouvons être assurez qu'une chose est véritable qu'entant qu'elle se trouve d'acord avec cette lumiére primitive, & universelle que Dieu répand dans l'ame de tous les hommes, & qui entraîne
in-

infailliblement & invinciblement leur persuasion dés qu'ils y sont bien attentifs. C'est par cette lumiere primitive & Métaphisique qu'on a pénétré le véritable sens d'une infinité de passages de l'Ecriture qui étant pris selon le sens literal & populaire des paroles nous auroient jettez dans les plus basses idées de la divinité qui se puissent concevoir.

Je le repéte encore une fois; A Dieu ne plaise que je veüille étendre ce principe autant que font les Sociniens, mais s'il peut avoir certaines limitations à l'égard des véritez speculatives, je ne pense pas qu'il en doive avoir aucune à l'égard des principes practiques & généraux qui se raportent aux mœurs. Je veux dire que sans exception, il faut soumettre toutes les loix morales à cette idée naturelle d'équité, qui, aussi-bien que la lumiere Métaphisique *illumine tout homme venant au mon-*

monde. Mais comme les paſſions & les préjugez n'obſcurciſſent que trop ſouvent les idées de l'équité naturelle, je voudrois qu'un homme qui a deſſein de les bien conoître les conſiderât en général, & en faiſant abſtraction de ſon interêt particulier, & des coûtumes de ſa patrie. Car il peut arriver qu'une paſſion fine & tout enſemble bien enracinée perſuadera à un homme qu'une action qu'il enviſage comme tres utile, & tres-agreable pour lui, eſt conforme à la raiſon : il peut arriver que la force de la coûtume, & le tour que l'on a donné à l'ame en l'inſtruiſant dans l'enfance, feront trouver de l'honnêteté où il n'y en a pas ; pour donc ſe défaire de ces 2. obſtacles je voudrois qu'un homme, qui veut conoitre diſtinctement la lumiére naturelle par raport à la morale, s'élevât au deſſus de ſon interêt perſonel, & de la coûtume de ſon pais, & ſe demandât

dât en général, *Une telle chose est-elle juste, & s'il s'agissoit de l'introduire dans un païs où elle ne seroit pas en usage, & où il seroit libre de la prendre ou de ne la prendre pas, verroit-on, en l'examinant froidement, qu'elle est assez juste pour mériter d'être adoptée.* Je croi que cette abstraction dissiperoit plusieurs nüages, qui se mettent quelquefois entre nôtre esprit & cette lumiere primitive & universelle, qui émane de Dieu pour montrer à tous les hommes les principes généraux de l'équité, & pour être la pierre de touche de tous les préceptes, & de toutes les loix particulieres, sans en excepter mêmes celles que Dieu nous révéle ensuite extraordinairement, ou en parlant lui-même à nos oreilles, ou en nous envoiant des Prophétes inspirez de lui.

Je suis tres-persuadé qu'avant que Dieu eût fait entendre aucune voix à Adam pour lui aprendre ce qu'il devoit faire, il lui avoit déja parlé

parlé interieurement en lui faisant voir l'idée vaste & immense de l'Etre souverainement parfait, & les loix éternelles de l honnête & de l'équitable, en sorte qu'Adam ne se crût pas tant obligé d'obeïr à Dieu à cause qu'une certaine defense avoit frapé ses oreilles, qu'à cause que la lumiére interieure qui l'avoit éclairé, avant que Dieu eût parlé, continuoit de lui présenter l'idée de son devoir & de sa dépendance de l'Etre suprême; Ainsi à l'égard même d'Adam, il sera vrai de dire que la vérité révélée a été comme soumise à la lumiere naturelle pour en recevoir son attache, son seau, son enregîtrement & sa vérification, & le droit d'obliger en titre de loi, & pour dire ceci en passant, il y a bien aparence que si les sentimens confus de plaisir qui s'exciterent dans l'ame de nos premiers parens, lorsque la proposition de manger du fruit defendu leur fût faite, ne leur eus-

eussent fait perdre de vuë les idées éternelles de l'équité, par la limitation essentielle des esprits créez, qui ne leur permet pas d'être apliquez aux spéculations immaterielles, pendant que les sensations vives & confuses du plaisir les ocupent, il y a dis-je, bien de l'aparence que sans cela il n'eussent point transgressé la loi de Dieu. Ce qui nous doit être un avertissement continuel de ne perdre jamais de vuë la lumiere naturelle qui que ce soit qui nous vienne faire des propositions de faire ceci, ou cela par raport à la morale.

Si donc un Casuiste nous venoit dire qu'il trouve dans l'Ecriture qu'il est bon & saint de maudire ses ennemis, & ceux qui persecutent les fideles, tournons d'abord la vuë sur la Réligion naturelle fortifiée & perfectionnée par l'Evangile, & nous verrons à l'éclat de cette vérité interieure qui parle à nôtre esprit sans dire mot, mais qui parle tres-intel-

intelligiblement à ceux qui ont de l'attention, nous verrons dis-je, que la prétenduë Ecriture de ce Casuiste n'est qu'une vapeur bilieuse de temperament. En trois mots on refutera l'exemple que le Psalmiste lui fournît, c'est qu'un fait particulier où Dieu aura présidé par une providence spéciale n'est pas la lumiére qui nous conduit, & ne déroge pas à la loi positive qui est proposée universellement à tous les hommes dans l'Evangile d'être débonnaires & humbles de cœur & de prier pour ceux qui nous persecutent, encore moins à la loi naturelle & éternelle qui montre à tous les hommes les idées de l'honnêteté, & qui a fait voir à tant de Paiens qu'il est loüable & tres-digne de l'homme de pardonner à ceux qui nous ont offensez & de leur faire du bien au lieu du mal qu'ils nous ont fait.

Mais ce qui est fort aparent à l'égard d'Adam, savoir qu'il a conu
la

la justice de la defense verbale de Dieu en la comparant avec l'idée qu'il avoit déja de l'être suprême, cela même est dévenu d'une nécessité indispensable aprés sa chute, car aiant éprouvé qu'il y avoit deux sortes d'Agens qui se méloient de lui proposer ce qu'il devoit faire, il falut de toute nécessité qu'il eût une régle de discernement pour ne confondre pas ce que Dieu lui révéléroit exterieurement avec ce que le Demon déguisé sous de belles aparences viendroit lui conseiller ou lui ordonner. Et cette régle n'a pû être autre chose que la lumiére naturelle, que les sentimens d'honnêteté imprimez dans l'ame de tous les hommes, en un mot que cette Raison Universelle qui éclaire tous les esprits, & qui ne manque jamais à ceux qui la consultent attentivement, & sur tout dans ces intervales lucides où les objets corporels ne remplissent pas la capacité de l'ame

soit

soit par leurs images soit par les paſſions qu'ils excitent dans noſtre
cœur. Tous les ſonges, toutes les
viſions des Patriarches, tous les diſ-
cours qui ont frapé leurs oreilles
comme de la part de Dieu, toutes
les apparitions d'Anges, tous les
miracles, tout en général a dû paſ-
ſer par l'étamine de la lumiére naturelle, autrement comment eût-
on ſçû ſi cela venoit du mauvais
principe qui avoit ſeduit Adam, ou
du Créateur de toutes choſes. Il a
falu que Dieu ait marqué ce qui venoit de lui d'une certaine emprein-
te qui fût conforme à la lumiére
interieure qui ſe communique im-
mediatement à tous les eſprits, ou
qui du moins n'y parût pas contraire, & cela fait, on recevoit agréablement & comme venant de Dieu
toutes les loix particulieres d'un
Moïſe, & d'un autre Prophéte,
encore qu'elles ordonnaſſent des
choſes indifferentes de leur nature.

On

On sait que Moïse lui-même ordonna de la part de Dieu aux Juifs de ne se fier pas à tout faiseur de Miracles, ni à tout Prophéte, mais d'éxaminer ce qu'il disoit, & de le recevoir où de le rejetter selon qu'il seroit conforme ou non à la loi venuë de Dieu. Il y avoit donc cette difference entre les Juifs d'aprés Moïse & les premiers Patriarches, que ceux-ci devoient seulement comparer la révélation avec la lumiére naturelle, & les autres avec la lumiére naturelle & avec la loi positive. Car cette loi positive une fois vérifiée sur la lumiére naturelle aqueroit la qualité de régle & de *criterium*, tout de même qu'en Géometrie une proposition démontrée par de principes incontestables devient un principe a l'égard d'autres propositions. Or tout de même qu'il y a des propositions que l'on se resoudroit aisement d'embrasser si elles n'avoient pas des consequences facheuses,

mais

mais que l'on rejette tout aussi tôt qu'on en voit les consequences ; en sorte qu'au lieu de dire, *ces consequences sont vraies puis qu'elles naissent d'un principe qui est vrai*, on dit *ce principe est faux puis qu'il en naît de consequences qui sont fausses*; il y a des gens qui croiroient sans peine que certaines choses ont été révélées de Dieu s'ils n'en consideroient pas les consequences ; mais quand ils voient à quoi ces choses conduisent, ils concluent qu'elles ne viennent pas de Dieu, & c'est une preuve *à posteriori* pour eux qui leur vaut une démonstration.

C'est ainsi qu'au commencement de [1] l'Empire des Sarrazins, plusieurs Juifs abandonnerent leur Réligion pour se consacrer à la Philosophie Païenne, parce qu'ils prétendirent trouver dans la loi Cérémonielle de Moïse une infinité de préceptes inutiles ou absurdes qu'ils ne voioient fondez sur aucune bonne raison

---

[1] *Guilielmus Parisiensis de legibus.*

raison de defense ou d'ordonnance, d'où ils conclurrent que cela n'étoit point venu de Dieu. Leur consequence étoit sans doute bien tirée, mais ils supposoient mal : ils n'étoient pas assez apliquez aux preuves incontestables de divinité que Dieu lui-même avoit données de la Mission de Moïse ; preuves qui soutinrent amplement, & en toute rigueur leur examen devant les idées pures & vives de la Métaphisique naturelle, aprés quoi chaque loi particuliere de Moïse portoit implicitement une bonne raison avec soi. Outre cela ils n'eurent pas l'esprit assez fort ou assez vaste pour considerer le but des loix cérémonielles qui par raport au caractére des Juifs, & à leur penchant idolatre, ou à la représentation tipique de l'Evangile, étoient fondées toutes sur de bons motifs ; ainsi ils errerent dans le fait, & quoi que leur consequence sortit légitimement & nécessairement
de

de leur faux principe, ils s'égarerent, mais on voit par cet exemple combien il importe que la lumiere naturelle ne trouve rien d'abſurde dans ce qu'on lui propoſe comme révélé, car ce qui pourroit paroître d'ailleurs comme tres-certainement révélé, ne le paroîtra plus dés qu'il ſe trouvera contraire à la régle matrice, primitive, & univerſelle de juger, & de diſcerner le vrai & le faux, le bon & le mauvais. Un eſprit attentif & Philoſophe conçoit clairement que la lumiere vive & diſtincte qui nous accompagne en tous lieux & en tout tems, & qui nous montre *que le tout eſt plus-grand que ſa partie, qu'il eſt honnête d'avoir de la gratitude pour ſes bienfaiteurs, de ne point faire à autrui ce que nous ne voudrions pas qui nous fût fait, de tenir ſa parole, & d'agir ſelon ſa conſcience*, il conçoit, dis-je, clairement que cette lumiere vient de Dieu & que c'eſt une révélation naturelle: comment donc s'ima-

s'imaginera t'il que Dieu vienne aprés cela se contredire & souffler le chaud & le froid, en parlant lui-même à nous exterieurement ou en nous envoiant d'autres hommes pour nous aprendre tout le contraire des notions communes de la raison ? Un Philosophe [1] Epicurien raisonne fort juste (quoi qu'il aplique mal son principe) lors qu'il dit que puis que nos sens sont la premiére régle de nos connoissances, & la voie originale par où les véritez entrent dans nos ames il faut qu'ils ne soient pas sujets à l'erreur. Il se trompe en posant la régle ou la pierre de touche de la vérité dans le témoignage des sens, mais il a raison en supposant cela de conclurre que nos sens dòivent être les juges de nos controverses, & décider de nos doutes. Si donc la lumiere naturelle & Métaphisique, si les principes généraux des sciences, si ces idées primitives
qui

---

1 *Lucret. l. 4.*

qui portent elles-mêmez leur persuasion nous ont été données pour nous faire bien juger des choses, & pour nous servir de régle de discernement, il est de toute nécessité qu'elles soient nôtre juge souverain, & que nous soumettions à leur décision tous les differens, que nous aurons sur les connoissances obscures ; de sorte que si quelcun s'avise de soutenir que Dieu nous a révélé un précepte de Morale directement opposé aux premiers principes, il faut lui nier cela, & lui soutenir qu'il donne dans un faux sens, & qu'il est bien plus-juste de rejetter le témoignage de sa Critique & de sa Grammaire, que celui de la Raison. Si on n'en vient pas là, Adieu toute nôtre foi selon la rémarque du bon pere [1] Valerien ; *si quelcun, dit-il, me fait une instance, qu'il faut captiver nôtre entendement à l'obeïssance de la foi jusques à revoquer en doute ou même-*

[1] *Ubi supr.*

me à croire fausse en certain cas la régle de juger que la nature nous a donnée, je dis que par cela même on ruïne la foi nécessairement, puis qu'il est absolument impossible de croire à qui que ce soit sans un raisonnement qui concluë que celui à qui on croit ne trompe ni n'est trompé : lequel raisonnement, comme il est manifeste, ne sauroit valoir sans la régle naturelle de juger qui a été expliquée jusques ici. C'est à quoi se terminent tous les grands discours des Catoliques Romains contre la voie de la raison, & pour l'autorité de l'Eglise. Sans y penser ils ne font qu'un grand circuit pour revenir aprés mille fatigues, où les autres vont tout droit. Les autres disent franchement & sans ambages, qu'il faut s'en tenir au sens qui nous paroît le meilleur : mais eux ils disent qu'il s'en faut bien garder, parce que nos lumieres nous pourroient tromper, & que nôtre raison n'est que ténébres & qu'illusion ; qu'il faut donc s'en tenir au

B juge-

jugement de l'Eglise. N'est-ce pas revenir à la raison, car ne faut-il pas que celui qui préfere le jugement de l'Eglise au sien propre le fasse en vertu de ce raisonnement. *L'Eglise a plus de lumiéres que moi, elle est donc plus croïable que moi.* C'est donc sur ses propres lumiéres que chacun se détermine, s'il croit quelque chose comme révélée c'est parce que son bon sens, sa lumiére naturelle, & sa raison lui dictent que les preuves qu'elle est revelée sont bonnes. Mais où en sera-t-on s'il faut qu'un particulier se défie de sa raison comme d'un principe ténébreux & illusoire? Ne faudra-t-il pas s'en défier lors même qu'elle dira, *l'Eglise a plus de lumiéres que moi, donc elle est plus croïable que moi?* Ne faudra-t-il pas craindre qu'elle se trompe & quant au principe & quant à la conclusion qu'elle en tire? Que fera-t-on aussi de cét argument. *Tout ce que Dieu dit est vrai, or il dit par Moïse qu'il a créé un*

pre-

premier homme, *donc cela est vrai*. Si nous n'avons pas une lumiére naturelle qui soit une régle sure & infaillible & par laquelle il faille juger absolument de tout ce qui vient en question, sans en excepter même la question, *si une telle ou une telle chose est contenuë dans l'Ecriture*, n'aurons nous pas lieu de douter de la *majeure* de cét Argument, & par consequent de la conclusion. Comme donc ce seroit le plus-épouvantable cahos & le Pirrhonisme le plus-éxécrable qui se puisse imaginer, il faut nécessairement en venir-là, *que tout dogme particulier, soit qu'on l'avance comme contenu dans l'Ecriture, soit qu'on le propose autrement, est faux lors qu'il est refuté par les notions claires & distinctes de la lumiére naturelle, principalement à l'égard de la Morale.*

CHAPITRE. II.

Prémiére Refutation du sens literal de ces paroles contrain-les d'entrer, *par la raison qu'il est contraire aux plus distinctes idées de la lumiére naturelle.*

APrés ces rémarques préliminaires que j'ai crû devoir mettre devant les yeux de mon Lecteur sous une image d'univerfalité, je viens au fujet particulier & à la matiere spécifique de mon Commentaire sur ces paroles de la parabole CONTRAIN-LES D'ENTRER, & voici comment je raisonne.

Le sens literal de ces paroles est contraire aux idées les plus-pures & les plus-diftinctes de la raison,

Donc il est faux

Il ne s'agit plus que de prouver l'*antécedent*, car je croi avoir assez prouvé la conséquence dans le 1. Chapitre. Je dis donc

I. Que par les plus-pures & les plus-

plus-distinctes idées de la raison nous connoissons qu'il y a un Etre souverainement parfait, qui gouverne toutes choses, qui doit être adoré de l'homme, qui aprouve certaines actions & les recompense, & qui en desaprouve d'autres & les punit.

II. Nous connoissons par la même voie que l'adoration principale que l'homme doit à cét être consiste dans les actes de l'esprit, car si nous concevons qu'un Roi ne regarderoit point comme un hommage fait à sa personne par des statuës la situation où le vent les poseroit en les faisant tomber par hazard lorsqu'il passeroit, ou bien la situation à genoux dans laquelle on mettroit des Marionnétes, à plus-forte raison doit-on croire que Dieu qui juge surement de toutes choses ne conte point pour un acte de soumission & de culte ce qu'on ne fait pour lui qu'extérieurement. Il faut donc dire que tous les actes externes de Réligion, toutes les dépenses que l'on fait en sacrifices, en Autels, & en Temples ne sont aprouvez de Dieu qu'à proportion des actes internes de l'ame qui les acompagnent.

III. Il s'ensuit clairement de-là que l'essence de la Réligion consiste dans les jugemens que nôtre esprit forme de Dieu, & dans les mouvemens de respect, de crainte & d'amour que nôtre volonté sent pour lui, en sorte qu'il est possible que par cela seul un homme fasse son devoir envers Dieu sans aucun acte extérieur, mais comme ces cas ne sont point ordinaires, il vaut mieux dire que la disposition intérieure en quoi consiste l'essence de la Réligion se produit au déhors par des humiliations corporelles, & par des signes qui fassent conoître l'honneur que l'ame rend à la majesté de Dieu. Quoi qu'il en soit, il est toûjours vrai que les signes extérieurs dans
un

un homme qui ne sent rien pour Dieu, je veux dire qui n'a ni les jugemens ni les volontez convenables à l'égard de Dieu, ne sont pas plus un honneur rendu à Dieu que le renversement d'une statuë, par un coup hazardeux de vent, est un hommage rendu par cette statuë.

IV. Il est donc clair que la seule voie légitime d'inspirer la Réligion, est de produire dans l'ame certains jugemens & certains mouvemens de volonté par raport à Dieu. Or comme les menaces, les prisons, les amendes, les éxils, les coups de bâton, les suplices, & généralement tout ce qui est contenu sous la signification literale de contrainte ne peuvent pas former dans l'ame les jugemens & les mouvemens de volonté, par raport à Dieu, qui constituent l'essence de la Réligion, il est clair que cette voie-là d'établir une Réligion est fausse, & par consequent

féquent que Jefus-Chrit ne l'a pas commandée.

Je ne nie pas que les voies de contrainte, outre les mouvemens extérieurs du corps qui font les fignes ordinaires de la Réligion intérieure, ne produifent auffi dans l'ame des jugemens & des mouvemens de volonté, mais ce n'eft pas par raport à Dieu, ce n'eft que par raport aux Auteurs de la contrainte. On juge d'eux qu'ils font à craindre, & on les craint en éfét ; mais ceux qui auparavant n'avoient pas de la divinité les idées convenables, ou qui ne fentoient pas pour elle le refpect, l'amour & la crainte qui lui font déuës, n'aquierent ni ces idées, ni ces fentimens, lors que la contrainte leur extorque les fignes externes de la Réligion. Ceux qui avoient auparavant pour Dieu certains jugemens, & qui croioient qu'il ne faloit l'honorer que d'une certaine maniere opofée à celle en faveur de

qui

qui se font les violences, ne changent point non plus d'état intérieur à l'égard de Dieu; Leurs nouvelles pensées se terminent toutes à craindre les persecuteurs, & à vouloir conserver les biens temporels qu'ils menacent d'oter. Ainsi ces contraintes ne font rien pour Dieu, car les actes intérieurs, qu'elles produisent, ne se raportent point à lui, & pour ce qui est des extérieurs, il est notoire qu'ils ne peuvent être pour Dieu qu'entant qu'ils sont acompagnez de ces dispositions intérieures de l'ame, qui font l'essence de la Réligion, ce qui donne lieu de recueillir ainsi toute cette preuve.

La nature de la Réligion est d'être une certaine persuasion de l'ame par raport à Dieu, laquelle produise dans la volonté l'amour, le respect & la crainte que mérite cét être suprême, & dans les membres du corps les signes convenables à cette
per-

persuasion & à cette disposition de la volonté, de sorte que si les signes externes sont sans un état intérieur de l'ame qui y réponde, ou avec un état intérieur de l'ame qui leur soit contraire, ils sont des actes d'hipocrisie, & de mauvaise-foi, où d'infidélité, & de revolte contre la concience.

Donc si l'on veut agir selon la nature des choses, & selon cét ordre que la droite raison, & la souveraine Raison de Dieu-même doit consulter, on ne doit jamais se servir pour l'établissement de la Réligion, de ce qui n'étant pas capable d'un côté de persuader l'esprit & d'imprimer dans le cœur l'amour & la crainte de Dieu, est tres capable de l'autre de produire dans les membres du corps des actes externes qui ne soient point le signe d'une disposition réligieuse d'ame, ou qui soient le signe oposé à la disposition intérieure d'une ame.

Or

Or est-il que la violence est incapable d'un côté de persuader l'esprit, & d'imprimer dans le cœur l'amour & la crainte de Dieu, & est tres-capable de l'autre de produire dans nos corps des actes externes qui ne soient acompagnez d'aucune réalité intérieure, ou qui soient des signes d'une disposition intérieure tres-diferente de celle qu'on a véritablement, c'est-à-dire, que ces actes externes sont ou hipocrisie & mauvaise foi, ou revolte contre la concience.

C'est donc une chose manifestement oposée au bon sens, à la lumiére naturelle, aux principes généraux de la raison, en un mot à la régle primitive & originale du discernement du vrai & du faux, du bon & du mauvais, que d'employer la violence à inspirer une Réligion à ceux qui ne la professent pas.

Comme donc les idées claires & distinctes que nous avons de l'essence de certaines choses nous persuadent invinciblement que Dieu ne peut pas nous révéler ce qui seroit contraire à ces choses (par exemple nous sommes tres-assurez que Dieu ne peut pas nous révéler que le tout est plus-petit que sa partie, qu'il est honnête de préferer le vice à la vertu, qu'il faut préferer son chien à tous ses parens, à tous ses amis & à sa patrie, que pour aller par mer d'un lieu à un autre il faut galoper à toute bride sur un cheval, que pour bien préparer une terre à produire une abondante recolte, il ne faut pas y toucher) il est évident que Dieu ne nous a pas commandé dans sa parole de forcer les gens à coups de bâton, ou par autres telles violences à embrasser l'Evangile, & ainsi si nous trouvons dans l'Evangile un passage qui nous ordonne la contrainte, il faut tenir pour tout assuré que c'est en un sens métaphorique & non literal, à peu pres comme me si nous trouvions dans l'Ecriture un passage qui nous ordonnât de dévenir fort-savans dans les langues, & dans toutes sortes de Facultez sans étudier, nous croirions que cela se devroit entendre par figure; nous croirions plûtôt, ou que le passage est falsifié, ou que nous n'entendons pas toutes les significations des termes de l'original, ou que c'est un mistere qui ne nous regarde pas, mais d'autres gens qui viendront aprés nous, & qui ne nous ressembleront point, ou enfin que c'est un précepte donné à la maniere des Nations Orientales, c'est-à-dire par Emblemes, & par des images Simboliques & énigmatiques, nous croirions, dis-je, cela plûtôt que de nous persuader que Dieu sage, comme il est, ordonnât à des Créatures, telles que l'homme, literalement & proprement d'avoir une sience profonde sans étudier.

 La seule chose qu'on peut m'oposer

poser est, qu'on ne prétend pas se servir des violences, comme d'une maniere directe & immédiate d'établir la Réligion, mais comme d'une maniere indirecte & médiate. C'est-à-dire qu'on démeure d'acord avec moi que la voie naturelle, & légitime d'inspirer la Réligion est d'éclairer l'esprit par les bons endoctrinemens, & de purifier la volonté par l'amour qu'on lui inspire pour Dieu, mais que pour mettre en œuvre cette voie, il est quelquefois néceffaire de violenter les gens, parce que fans ces violences ils ne s'apliqueroient pas à se faire instruire, & à se dégager de leurs préjugez ; qu'ainsi la violence ne sert qu'à léver les obstacles de l'instruction, aprés quoi on se sert de la voie légitime, on rentre dans l'ordre, on instruit les gens, on agit selon les lumiéres primitives que je prone tant comme le Tribunal souverain, ou comme le Commiffaire

qui

qui doit passer en revûë les révélations, pour rejetter celles qui n'auront pas son caractere.

Je me reserve à refuter en un autre lieu cette exception qui est une chicane fort spécieusement tournée & une illusion ingénieuse, & j'espere de la refuter si pleinement, qu'elle ne pourra servir qu'à ces Ecrivains du bas Empire, à ces Missionnaires de vilage, qui n'ont jamais honte de produire les mêmes objections, sans se proposer les réponses qui les ont ruïnées de fonds en comble.

Chapitre. III.
Seconde Refutation du même sens literal, par la raison qu'il est contraire à l'esprit de l'Evangile.

Avant que de proposer ma 2. preuve je prie mon Lecteur de se souvenir de ce que j'ai dit dans le Chapitre 1. *Qu'une loi positive une fois*

fois vérifiée sur la lumiére naturelle a-quiert la qualité de régle & de CRITE-RIUM, *tout de même qu'en Géometrie une proposition démontrée par des principes incontestables devient un principe à l'égard d'autres propositions.* La raison pourquoi je repete ici cette rémarque est que je veux prouver dans ce Chapitre la fausseté du sens literal de ces paroles *contrain-les d'entrer,* en faisant voir qu'il est contraire à l'esprit général de l'Evangile. Si je faisois ce Commentaire en Téologien je n'aurois pas besoin de monter plus-haut; je suposerois de plein droit que l'Evangile est la premiére régle de la Morale & que n'être pas conforme à la Morale de l'Evangile, c'est sans autre preuve être manifestement dans le crime, mais comme j'agis en Philosophe, je suis contraint de remonter jusques à la régle matrice, & originale qui est la lumiére naturelle; Je dis donc que l'Evangile étant une régle qui a été vérifiée sur les

plus-

plus-pures idées de la droite raison, qui sont la régle primitive & originale de toute vérité & droiture, c'est pécher contre la régle primitive elle-même, ou ce qui est la même chose, contre la révélation intérieure & muette, par laquelle Dieu aprend à tous les hommes les premiers principes, que de pécher contre l'Evangile : j'ajoûte même cette consideration, que l'Evangile aiant mieux dévélopé les devoirs de la Morale, & étant une extension tres-considerable du bien honnête que Dieu nous avoit révélé par la Réligion naturelle, il s'ensuit que toute action de Chrétien non conforme à l'Evangile est plus-énorme & plus-injuste que si elle étoit simplement contraire à la raison, car plus les régles de la justice, & les principes des mœurs sont dévélopez, éclaircis, & étendus, plus est-on inexcusable de ne s'y pas conformer, de sorte que s'il se trouve que la contrainte en matiere

tiere de Réligion soit contraire à l'esprit de l'Evangile, ce sera une seconde preuve plus-forte que la 1. pour montrer que cette contrainte est injuste, & contraire à la régle primitive & originale de l'équité, & de la raison.

Mais pour ne laisser pas aucun encombrier dans nôtre chemin, disons un mot sur une dificulté qui se présente. On me dira que par le principe que j'ai établi dans le Chapitre 1. l'Evangile n'auroit pas dû être reçû comme une révélation divine, puis que si on en compare les préceptes avec ma régle originale on ne les y trouvera pas conformes, car rien n'est plus conforme à la lumiére naturelle que de se défendre lors que l'on est ataqué, que de se venger de son ennemi, que d'avoir soin de son corps, &c. & rien n'est plus oposé à l'Evangile. S'il faloit donc juger qu'une doctrine, qu'on nous préche comme décenduë du ciel,

ciel, n'est pas divine dés qu'elle n'est pas conforme à la lumiére naturelle, révélation primitive, perpetuelle & universelle de la divinité envers l'homme, il auroit falu rejetter comme fausse la doctrine de Jesus-Chrit, & aujourd'hui elle ne pourroit pas passer pour une 2. régle compulsée sur l'originale, & par consequent je ne pourrois rien prouver par ma métode en prouvant ici que la contrainte est contre l'esprit de la Morale Evangelique.

Je repons que tous les enseignemens Moraux de Jesus-Chrit sont tels qu'étant pesez à la balance de la Réligion naturelle ils seront trouvez de bon alloi, de sorte que comme Jesus-Chrit a fait d'ailleurs un si grand nombre de miracles qu'il n'y auroit que l'oposition de sa doctrine à quelque vérité évidente de la révélation naturelle qui eût pû faire douter de la divinité de

sa

la miſſion, l'on doit être tout à fait en répos de ce côté-là. Il a fait des miracles pour le maintien d'une doctrine qui bien loin d'être contraire aux notions de la raiſon, & aux plus-purs principes de l'équité naturelle, les étend, les éclaircit, les dévélope, les perfectionne; il a donc parlé de la part de Dieu. La lumiére naturelle ne dit-elle pas clairement à tous ceux qui la conſultent avec atention que Dieu eſt juſte, qu'il aime la vertu, qu'il deſaprouve le mal, qu'il mérite nos reſpects & nôtre obéïſſance, qu'il eſt la ſource de nôtre bonheur, & que c'eſt à lui qu'on doit recourir pour avoir ce qui nous eſt néceſſaire? Cette lumiére ne dit-elle pas à ceux qui la contemplent avec ſoin & qui s'élevent au deſſus des ſombres nüages que leurs paſſions & la matérialité de leurs habitudes forment ſur leur eſprit, qu'il eſt honête & loüable de pardonner à ſes ennemis, de modérer

dérer sa colere, de dompter toutes ses passions? D'où viendroient toutes ces belles maximes dont les livres des Païens sont tout pleins, s'il n'y avoit pas pour cela une révélation naturelle adressée à tous les hommes? Cela étant il a été facile de voir qu'il n'y a rien de plus-raisonnable & de plus-conforme à l'ordre que de commander à l'homme l'humilité, l'oubli des offenses, la mortification, & la charité, car nôtre raison connoissant fort-clairement que Dieu est le souverain bien, goûte & aprouve les maximes qui nous unissent à lui. Or rien n'est plus-capable de nous unir à Dieu que le mépris de ce monde & la mortification des passions, donc la raison a trouvé tout à fait dans l'ordre la Morale de l'Evangile, & bien loin que cette Morale ait dû la porter à douter si les miracles de Jesus-Chrit prouvoient sa divinité, elle a dû au contraire en être une
soli-

solide confirmation. Il n'en seroit pas de même de la Morale qu'on prétend trouver dans ces paroles *contrain-les d'entrer*, car si elles signifioient *emploie les prisons, les tortures & les suplices, pour obliger à la profession du Christianisme tous ceux qui ne s'y voudront pas soumettre de bon gré*, nôtre raison, nôtre Réligion naturelle auroient eu sujét d'entrer dans de grandes défiances, & de regarder Jesus-Chrit comme un Emissaire du Démon qui venoit sous les belles aparences d'une Morale austere & fort-spiritualisée, soutenuë de grands prodiges, glisser le plus-mortel venin qui puisse ruïner le genre humain, & le rendre le Téatre afreux & continuel des plus-sanglantes & des-plus éfroiables Tragédies. Mais proposons par ordre cette 2. preuve. Voici mon raisonnement. Une interprétation de l'Ecriture tout à fait contraire à l'esprit de l'Evangile ne peut être que fausse.

Or

Or est-il que le sens literal de ces paroles *contrain les d'entrer* est tout à fait contraire à l'Esprit de l'Evangile.

Donc le sens literal de ces paroles ne peut être que faux.

Je supose avec raison que la *majeure* de cét argument n'a plus besoin d'être prouvée. Je ne prouverai donc que la *mineure*.

Pour cét éfét je rémarque 1. que l'excellence de l'Evangile par dessus la Loi de Moïse, consiste entre-autres choses en ce qu'il spiritualise l'homme, qu'il le traite plus en créature raisonnable & d'un jugement formé, & non plus en enfant, qui avoit besoin d'être amusé par des spectacles & par de grandes cérémonies qui fissent diversion à son penchant vers l'idolatrie païenne. Or de-là il s'ensuit que l'Evangile demande tres-particulierement qu'on le suive par raison, qu'il veut avant toutes choses éclairer l'esprit de ses lumiéres, & atirer ensuite nôtre amour & nôtre zéle, qu'il ne veut pas que la peur des hommes ou la crainte d'être miserables nous engage à le suivre extérieurement, sans que nôtre cœur soit touché ni nôtre raison persuadée : il ne veut donc pas qu'on force personne, ce seroit traiter l'homme en esclave & tout comme si l'on ne se vouloit servir de lui que pour une action manuelle & machinale, où il importe peu qu'il travaille de bon gré pourveu qu'il travaille, mais en matiere de Réligion, tant s'en faut que ce soit faire quelque chose que de la faire contre son gré, qu'il vaudroit mieux vivre tout à fait en répos que de travailler par force. Il faut que le cœur s'en méle & avec connoissance de cause, il faut donc que plus une Réligion démande le cœur, le bon gré, le culte raisonnable, une persuasion bien illuminée, comme fait l'Evangile, plus elle soit éloignée de toute contrainte.

Je

Je rémarque en 2. lieu que le principal caractère de Jesus-Chrit, & la qualité, pour ainsi dire, dominante de sa personne, a été l'humilité, la patience, la débonnaireté. *Aprénez de moi*, disoit il à ses disciples, *que je suis débonnaire & humble de cœur*: il est comparé à un agneau qui a été méné à la tüerie sans se plaindre: il dit que bien-heureux sont les débonnaires, les pacifiques & les misericordieux; quand on lui a dit des outrages il n'en rendoit point, mais se remettoit à celui qui juge justement: il veut que nous benissions ceux qui nous maudissent, & que nous prions pour ceux qui nous persecutent; & bien loin de permettre à ses Sectateurs de persecuter les Infideles, qu'il ne veut pas même qu'ils oposent à leur persecution autre chose que la fuite; *Si l'on vous persecute en une ville*, dit-il, *fuiez en une autre*. Il ne leur dit pas, tâchez de la faire soulever contre ceux qui la

gouvernent, apellez à vôtre secours les villes qui sont pour vous, & venez assieger celle qui vous a persecutez pour la contraindre de vous croire, il leur dit, sortez-en pour vous transporter en un autre lieu: il veut bien, en un autre endroit, qu'ils protestent dans les ruës contre ceux qui ne les auront pas voulu écouter, mais c'est toute la procedure qu'il leur permet, aprés quoi il leur ordonne de se retirer. Il se compare à un berger qui va devant ses brebis, *& elles le suivent; car elles connoissent sa voix.* Quon remarque bien ces paroles, il ne dit pas qu'il chasse devant soi le troupeau à coups de verge, comme quand on le veut contraindre d'aller dans un lieu contre son inclination, il dit qu'il se met devant & qu'elles le suivent, parce qu'elles le connoissent, ce qui marque la pleine liberté qu'il leur donne de suivre pendant qu'elles le connoitront, & de
s'écar

s'écarter si elles venoient à le méconnoître, & qu'il ne veut qu'une obéïssance volontaire, précedée & fondée sur la connoissance. Il fait oposition de sa Mission à celle des larrons & des brigans, qui comme des loups se jettent dans la Bergerie, pour enléver par force des brebis qui ne leur apartiennent point, & qui ne connoissent pas leur voix. Quand il se voit abandonné par les troupes il n'arme point ces legions d'Anges, qui étoient toûjours comme à sa solde, & il ne les envoie pas à la chasse de ses déserteurs pour les contraindre de retourner; bien loin de-là il démande à ses Apôtres qui ne l'avoient pas quité, s'ils n'ont pas envie de le faire, *& vous ne vous en voulez-vous point aussi aller*, comme pour leur aprendre qu'il ne vouloit retenir personne à son service qui n'en fût bien aise. Quand-il monte au Ciel, il ne commande à ses Apôtres de convertir les nations qu'en les enseignant, les endoctrinant & les batisant; ses Apôtres ont suivi l'éxemple de sa débonnaireté, & nous ont enjoint d'être les imitateurs & d'eux & de leur maître. Il faudroit copier presque tout le Nouveau Testament si l'on vouloit aporter toutes les preuves qu'il fournit de la bonté, de la douceur, & de la patience, qui font le caractère essentiel & distinctif de l'Evangile.

Raisonnons présentement ainsi. Le sens literal de ce texte de l'Evangile, *Contrain-les d'entrer*, est non seulement contraire aux lumiéres de la Réligion naturelle, Loi primitive & originale de l'équité, mais aussi à l'esprit dominant & essentiel de ce même Evangile & de son Auteur, car rien ne peut être plus-oposé à cét esprit que les cachots, que les éxils, que le pillage, que les Galéres, que l'insolence des soldats, que les suplices & les tortures,

Donc ce sens literal est faux.

Je

Je ne croi pas qu'on puisse rien imaginer de plus-impie & de plus-injurieux à Jesus-Chrit, ni d'une plus-dangereuse consequence, que de soutenir qu'il a donné un précepte général aux Chrétiens de faire des conversions par la contrainte, car outre qu'une maxime aussi contraire que celle-là, au bon sens, à la raison, & aux principes généraux de la Morale, pourroit faire croire que celui qui la débite ne parle pas de la part de ce même Dieu qui en a déja révélé une toute diferente par la voie de la lumiére naturelle, de Dieu, dis-je, incapable de se contredire si grossierement ; outre cela quelle idée se peut-on former de l'Evangile, si l'on y voit d'un côté tant de préceptes de clémence & de douceur, & de l'autre un ordre général qui enferme dans son enceinte tous les crimes de fourberie & de cruauté que l'Enfer peut imaginer? Qui ne diroit que c'est un un amas bizarre de pensées contradictoires, d'un esprit qui ne savoit pas bien sa leçon, & qui ne s'entendoit pas lui-même ? Ou plûtôt qui ne diroit qu'il ne savoit que trop sa leçon, & que l'ennemi du genre humain qui l'avoit séduit se servoit de son organe pour introduire dans le monde le plus-épouvantable déluge de désolations qui puisse être conçû, & qu'afin d'y réüssir il lui fit couvrir son jeu d'une feinte & sucrée modération, pour tout d'un coup lui faire lâcher l'arrêt foudroiant & funeste de contraindre & de forcer toutes les nations à professer le Christianisme ? Voila les abîmes où se jettent les infames défenseurs du sens literal de la parabole, qu'on pourroit plûtôt nommer Directeurs généraux des bouchers & des bourreaux qu'interprétes de l'Ecriture. Un Pere de l'Oratoire, nommé Amelote, disoit durant lés démélez des Jansenistes,

nistes, *que si on* [1] *avoit sur le fait de Jansenius, une évidence de la nature de celle qu'on a par les sens, ou par les premiers principes, alors ceux qui auroient les yeux éclairez d'une telle lumière auroient sujét de se défier de la diligence & de la fidelité du Pape & des Evêques qui leur seroient oposez, & pouroient éxiger une révélation évidente de ceux qui les voudroient obliger de sacrifier leur persuasion & de la soumettre malgré leur connoissance.* Il apelloit l'évidence fondée sur les sens, ou sur les premiers principes un *poste inexpugnable*. Je conclus de son principe que le moins qu'un homme doive faire pour nous persuader le sens literal de ces paroles *Contrain-les d'entrer*, oposé à toutes les lumiéres de la raison, & de l'Evangile, c'est de nous prouver par une révélation nouvelle & tres-évidente, qu'il interpréte bien ce passage. Et je ne croi pas même qu'hors quelque cas particulier,

---

1 *Voiez le Traitté de la foi humaine* 1. *part. ch.* 17.

lier, où Dieu peut faire des exceptions à ses loix, on dût jamais se fier à une révélation semblable, quelque évidente qu'elle fût. Je veux dire, que si un Prophéte faisant des miracles pour le maintien du sens literal, en faisoit un précepte général, & non limité à quelque circonstance particuliere, comme étoit, par éxemple, le meurtre de Phinées, nous aurions droit de le prendre avec ses miracles pour un Imposteur.

Chapitre IV.
Troisiéme Refutation du sens literal, par la raison qu'il bouleverse les bornes qui séparent la justice d'avec l'injustice, & qu'il confond le vice avec la vertu, a la ruïne universelle des Sociétez.

Mais c'est trop amuser le bureau par des preuves qui ne sont que médiocrement bonnes en comparaison de ce qu'on va dire :
fra-

frapons le grand coup écrasant dés ici sur la tête du sens literal de la parabole.

Un sens literal de l'Ecriture est nécessairement faux lors qu'il contient le renversement général de la Morale divine & humaine, qu'il confond le vice avec la vertu, & que par-là il ouvre la porte à toutes les confusions imaginables.

Or c'est ce que fait le sens literal de ces paroles *Contrain-les d'entrer.*

Donc il est nécessairement faux.

La majeure est si claire par elle-même qu'il seroit ridicule de la vouloir prouver: passons donc à la preuve de la mineure qui semblera d'abord paradoxique.

Je suis d'assez bonne foi pour avouër aux Convertisseurs de France qu'en suposant que Jesus-Chrit ait commandé de convertir les gens par force, ils n'ont fait qu'obéir à Dieu, en contraignant les Réformez par les logemens de soldats, par les prisons & autres voies violentes à se faire Catoliques, & qu'ainsi ces violences ne sont point des crimes mais de fort-bonnes actions. Mais je leur demande s'il n'est pas vrai que la seule raison pour laquelle ce sont des bonnes actions est, qu'elles ont été faites pour l'avantage de l'Eglise, & dans la vûë d'amplifier le Roiaume de Jesus-Chrit. Je ne pense pas qu'on me le nie, car si on me répondoit qu'un Roi, aussi absolu que celui de France, peut loger les soldats chez qui il lui plaît, leur permettre telle ou telle licence, les retirer de chez un homme qui a mérité cette distinction en signant un Formulaire, & qu'ainsi la raison pourquoi les violences ne sont pas criminelles est parce qu'elles sont permises à un Roi dans ses Etats, si, dis-je, l'on me faisoit cette réponse, je n'aurois pas grand' peine à m'en reléver.

Car je demanderois si suposé que ce

ce que le même Roi de France vient de faire, il l'avoit fait sans autre raison, vûë ni motif que de se divertir par un capricieux éxercice de sa puissance, cela ne seroit pas une action injuste & que Dieu pourroit punir tres-justement. Je ne conçois pas qu'il y ait des gens assez flateurs ou assez aveugles pour me répondre que non ; il faut donc qu'un Roi, qui véxe ainsi une partie de ses sujets, en faisant piller leurs biens, en séparant les enfans d'avec les péres, les femmes d'avec les maris, en emprisonnant les uns, en encloîtrant les autres, en démolissant des maisons, en faisant couper des bois, en permettant même que des soldats tourmentent leurs hôtes en personne, ait une autre raison d'agir ainsi, que celle de sa souveraineté & de son bon plaisir ; autrement tout le monde voit que c'est un abus injuste & tirannique de la puissance Roiale.

On me dira, peut-être, que ces véxa-

véxations ont été fondées sur ce qu'une partie des sujéts ne se conformoient pas aux Edits du Roi, or un Roi punit justement ceux d'entre ses sujets qui n'obéissent pas à ses Edits. Mais cette réponse non seulement supose faux savoir que l'on n'ait châtié par des logemens de gens de guerre que ceux qui n'avoient pas obéï aux Edits Roiaux, puis qu'il est certain que ces logemens ont précedé la revocation de l'Edit de Nantes, ou le tems que cette revocation acordoit aux protestans pour se faire instruire, mais aussi cette réponse est trop vague pour être bonne, car afin que les peines qu'un Roi fait soufrir à ses sujéts qui n'ont pas obéï à ses ordonnances soient justes, il faut que ces ordonnances soient fondées sur quelque bonne raison, autrement un Roi pourroit justement punir ceux d'entre ses sujéts qui n'auroient pas les yeux bleus, le nez
aqui-

aquilin, les cheveux blonds, qui ne trouveroient pas bonnes certaines viandes, qui n'aimeroient pas la chaſſe la muſique, l'étude &c. il pourroit dis-je les punir tres-juſtement, ſupoſé qu'il eût publié des ordonnances qui enjoigniſſent à tous ſes ſujets d'avoir dans un certain tems les yeux bleus &c. & de ſe plaire à l'étude &c. mais chacun voit que comme ces ordonnances ſeroient injuſtes, les peines des contrevenans le ſeroient auſſi; de ſorte qu'il faut demeurer d'acord que pour véxer des ſujéts juſtement, il ne ſufit pas de dire d'une maniere vague qu'ils ont contrevenu aux ordonnances; il faut dire en particulier qu'ils ont contrevenu à des ordonnances ou juſtes, ou du moins telles qu'il n'y avoit qu'une négligence déraiſonnable qui y fît contrevenir. On me dira que les ordonnances du Roi Louis 14. étoient de cette nature. Je n'en diſputerai pas,

pas, mais qu'on m'acorde donc que la raison pour laquelle il a pû traiter, sans faire aucune injustice, ses sujéts de la Réligion comme il les a traitez, est qu'il a fait tout cela pour l'avantage de l'Eglise Romaine qui est selon lui la seule bonne Eglise qu'il y ait au monde. Il en faut venir-là, & tout se reduit à ce fondement, c'est de dire, que ce qu'on vient de faire en France à ceux de la Réligion seroit injuste, s'il s'étoit fait non pas pour l'avantage de la vraie Réligion, mais pour faire, par éxemple, qu'ils avoüassent qu'ils sont persuadez que la terre tourne, que la chaleur que nous atribuons au feu est une sensation de nôtre ame, qu'une telle sausse est meilleure qu'une autre; mais que puis qu'on n'a pas violenté les Huguenots pour leur faire avoüer des choses de cette nature, mais les véritez révélées aux Chrétiens, le traitement qu'ils ont reçû est fort-juste, te, étant conforme au commandement de Jesus-Chrit. On ajoûtera que c'est abuser des termes que de nommer ces traitemens persecution. Il n'y a que les maux qu'on fait aux fideles qui soient persecution. Ceux qu'on fait aux heretiques ne sont qu'actes de bonté, d'équité, de justice & de raison. Voila qui est bien. Convenons donc *qu'une chose qui seroit injuste si elle n'étoit pas faite en faveur de la bonne Réligion, devient juste lors qu'elle est faite pour la bonne Réligion.* Cette maxime est tres-clairement contenuë dans ces paroles *Contrain-les d'entrer*, suposé que Jesus-Chrit les ait entenduës literalement, car elles signifient *batez, fotez, emprisonnez, pillez, tuez ceux qui seront opiniâtres, enlevez-leur leurs femmes, & leurs enfans; tout cela est bon quand on le pratique pour ma cause: en d'autres circonstances se feroit des crimes énormes, mais le bien qui en arrive à mon Eglise purge & nettéie ces actions parfaitement.*

Or

Or c'est-ce que je dis être la plus-abominable doctrine qui ait été jamais imaginée, & je doute qu'il y ait dans les enfers des Diables assez méchans pour souhaiter tout de bon que le genre humain se conduise per cét esprit. De sorte qu'atribuër cela au fils éternel de Dieu, qui n'est venu au monde que pour y aporter le salut, & pour y enseigner aux hommes les véritez les plus-saintes & les plus-charitables, c'est lui faire la plus-sanglante de toutes les injures. Car considerez, je vous prie, les horreurs & les abominations qui viennent à la suite de cette Morale détestable, c'est que toutes les barrieres qui séparent la vertu d'avec le vice, étant lévées, il n'y aura plus d'action si infame qui ne dévienne un acte de piété & de Réligion, dés qu'on la fera pour l'afoiblissement de l'héresie. Ainsi dés qu'un héretique par son esprit, par son éloquence, par ses bonnes mœurs

mœurs confirmera les autres dans leur hérésie, & persuadera même aux fideles qu'ils se trompent, il sera permis de le faire assassiner, ou empoisonner, ou de divulguer contre sa réputation mille calomnies infames, & gagner de faux témoins pour les apuier. Car on aura beau dire que cela est injuste; la réponse est toute prête, *cela seroit injuste à la vérité en d'autres cas, mais s'agissant de l'interêt de l'Eglise il n'y a rien de plus-juste.* On voit, sans que j'entre dans un détail odieux, qu'il n'y auroit point de crime qui ne devint un **acte** de **R**éligion ; les Juges condanneroient à tort les héretiques dans tous leurs procez ; on voleroit impunement les héretiques, & on leur manqueroit de parole dans les afaires les plus-importantes, on leur enléveroit leurs enfans, on leur susciteroit de faux témoins, on débaucheroit leurs filles afin qu'une grossesse honteuse les obligeât à chercher

cher de l'apui dans la bonne Réligion, en un mot on leur feroit toutes les avanies imaginables, la violence & la fourbe s'entre-succederoient contre eux, persuadé que l'on feroit qu'on les lasseroit de vivre & qu'on les obligeroit à changer de Réligion, & moiennant ce motif que l'on auroit, on se persuaderoit de bien faire. Quoi de plus-horrible?

Ce ne feroit pas le seul parti qui auroit droit dans le fond qui feroit tout ce beau manége; chacun se croiroit en droit de le faire, parce que chaque Réligion se croit seule la véritable, ou du moins la plus-véritable, & regarde les autres comme ennemies de Dieu, ou comme défectueuses, & prétend qu'en les convertissant on rend un grand service à Dieu. Je n'entre pas pour le présent dans la question, si elles ont toutes un droit égal, suposé la persuasion de bonne foi d'agir pour l'extirpation
de

de ce qu'elles croient faux, mais au moins est-il vrai que Jesus-Chrit auroit prévu que son commandement porteroit tous les Chrétiens à user de violence contre ceux qui ne se roient pas de leur secte, ce qui seroit une source inépuisable de crimes, & une iliade de miséres pour le bon parti. Or il n'y a nulle aparence que la seule prévision de tant de desordres, auxquels son commandement formel donneroit lieu, & serviroit d'une excuse tres-plausible, ne l'eût seule détourné de le donner quand il n'en auroit pas été détourné d'ailleurs sufisanment par l'injustice essentielle & inalienable qui se trouve dans les persecutions de Réligion.

Quoi-que je ne veüille pas spécifier en détail les confusions abominables qui naîtroient de ce que les actions les plus-injustes deviendroient justes par l'emploi qu'on en feroit pour l'extirpation de l'erreur,

reur, si faut-il que je dise qu'il en naîtroit entre-autres ce grand inconvenient, que les Rois & les souverains ne seroient jamais en sureté lors que leurs sujéts seroient d'une diferente Réligion. Les sujéts se croiroient obligez en consience de les déposer, & de les chasser honteusement s'ils ne vouloient pas abjurer leur Réligion, & ils croiroient en cela ne faire qu'une action tres-légitime, car enfin diroient-ils l'Evangile veut que l'on contraigne d'entrer ; il faut donc que nous contraignions nôtre Roi à changer, que nous lui refusions obéïssance jusques à ce qu'il ait changé, & s'il s'opiniâtre que nous le déposions & que nous le confinions dans un Monastére ; peut-être que la vuë de tant de maux temporels l'apliquera à se faire instruire, & le dégagera de ses préjugez : en tout cas nous procurerons l'avantage de la Réligion en chassant un Roi qui lui est contraire,

traire, & en lui en fubftituant un autre qui la favorifera. Or cela fufit pour rendre jufte les actions qui feroient fans cela tres-criminelles; dépofons, donc ou même faifons mourir nos Rois héretiques, puis qu'encore que ce foit un parricide infernal quand on s'y porte pour d'autres confidérations, c'eft une bonne œuvre dés qu'on s'y porte pour le bien de la Réligion. Ainfi tour à tour les fouverains & les fujéts fe perfecuteroient de la bonne forte. Ceux-là contraindroient à vive force leurs fujéts de diferente Réligion à la quiter, & ceux-ci dés qu'ils le pourroient en feroient autant à leur Prince; les uns & les autres obéïffant aux ordres du fils de Dieu. N'auroit-on pas une belle obligation à Jefus-Chrit de s'être Inçarné & d'avoir été crucifié pour nous fi dans ces 3. mots *Contrain-les d'entrer*, il nous étoit venu enlever tous les foibles reftes de la Réligion
natu-

naturelle qui s'étoient fauvez du naufrage du 1. homme, s'il étoit venu confondre toutes les idées du vice & de la vertu, & renverfer les bornes qui defuniffent ces deux Etats, en faifant que le meurtre, le vol, le brigandage, la tirannie, la revolte, la calomnie, le parjure, & généralement tous les crimes ceffaffent d'être de mauvaifes actions dés qu'on les feroit contre les Héterodoxies, & devinffent des vertus d'obligation & tres-néceffaires à pratiquer. Ce feroit avoir eu pour but de ruïner toutes les fociétez & de confiner l'homme dans les Cavernes afin d'éviter fon femblable comme la plus-dangereufe bête qu'il peut rencontrer.

Ce qu'il y a d'abfurde dans plufieurs des Catoliques Romains, & notamment dans les François, c'eft que voulant d'une part que Jefus-Chrit nous ait commandé la contrainte, ils ne veulent pas que cela regarde

regarde les Rois, ni que l'Eglife ait droit de les dépofer. Cela eft du dernier pitoiable. Ils veulent bien que les Rois en conféquence de ce paffage foient autorifez de Dieu pour ruïner leurs fujéts héretiques, les emprifonner, les dragonner, les pendre & les brûler, & ils ne veulent pas que le même paffage donne droit aux peuples, dés que le Pape ou l'affemblée Ecclefiaftique jugera que le tems en eft venu, de chaffer un Roi qui ne fe voudra pas convertir, & d'établir en fa place un homme ortodoxe. Quel fens y a-t-il à cela? Jefus-Chrit auroit commandé les violences par tout ailleurs excepté dans les cas où elles peuvent être les plus-avantageufes à l'Eglife par la perte d'un feul homme, car qui ne voit que la ruïne d'un Prince héretique & bigot peut éviter plus de maux à l'autre Réligion, que la ruïne de cent mille païfans ou artifans? Ainfi fu-
pofé

posé que ces paroles *Contrain-les d'entrer* signifient, pille, tuë, emprisonne, pends, rouë jusques à ce que personne n'ose refuser de signer, je ne voi pas de quel droit on se moque de Suarez, de Becan & de plusieurs autres qui disent que dans ces paroles, *Pai mes brebis*, est contenu le pouvoir de traiter les Rois héretiques tout de la même façon que les Bergers traitent les loups, qu'ils exterminent *omni modo quo possunt* par tous les moiens à eux possibles.

On me dira que Dieu déclare expressement que c'est par lui que les Rois régnent, & que qui resiste à leurs ordonnances resiste à Dieu, mais cela n'y fait rien. N'est-il pas incontestable que le meurtre, la calomnie, le vol, le parjure sont expressement défendus de Dieu, si donc nonobstant cette défence ils deviennent de bonnes actions quand ils sont emploiez au bien de la Réligion ; ne doit-on pas dire la même

même chose de toute autre action défenduë sans en excepter la déposition d'un Roi. Et la vérité est que ceux même qui témoignent tant d'éloignement d'exposer les Rois à la peine de déposition, lors qu'ils ne sont pas ortodoxes, se démentent dans la pratique comme on le vit en France du tems de la ligue. Tant il est vrai que c'est une suite naturelle & nécessaire du sens literal que je refute, de n'épargner ni têtes couronnées ni rien qui soit au monde quand il s'agit d'avancer la prospérité de la Réligion.

Je prie tous mes Lecteurs de re fléchir un peu sur ces pensées, & je m'asseure qu'ils trouveront qu'un ordre qui seroit naturellement enchaîné (veu comme le monde est fait) avec cette horrible suite de profanations, & avec cette extinction totale des principes généraux de l'équité naturelle, qui sont des loix éternelles & immuables, ne peut pas être parti de la bouche de celui qui est la vérité essentielle & substantielle. Le sens donc literal que je combats est faussissime.

CHAPITRE. V.

Quatriéme Refutation du sens literal, par la raison qu'il fournit un prétexte tres-plausible & tres-raisonnable aux Infideles de ne laisser entrer aucun Chrétien dans leur Païs, & de les chasser de tous les lieux où ils les trouvent.

J'Ai dit que je ne voulois pas toucher en détail les desordres qui naîtroient du principe que je refute; cependant je m'aperçois qu'il y en à quelques uns qu'il est nécessaire de déveloper afin de mieux faire comprendre les horreurs & l'énormité de la pensée qu'on impute si faussement au fils de Dieu; je ferois donc tort à ma cause si j'évitois le détail à cét égard, j'y entrerai donc pour certains chefs qui
me

mie paroissent considerables. J'argumente ainsi;

Tout sens literal de l'Ecriture qui fournit aux Infidéles un sujét légitime & raisonnable de défendre l'entrée & le sejour de leurs Etats aux prédicateurs de l'Evangile est faux.

Or le sens literal de ces paroles, *Contrain-les d'entrer* fournit ce sujét aux Infidéles.

Donc il est faux.

On ne peut pas nier la *Majeure*, car quel sens y auroit-il d'ordonner d'un côté à tous les hommes de se convertir, & de leur donner de l'autre des motifs tres-raisonnables de ne le pas faire? ne seroit-ce pas se jouër cruélement de l'homme, & frustrer la providence de ses fins, qui sont de rendre les hommes inexcusables, s'ils ne se servent pas des secours que Dieu leur fournit? Prouvons seulement la *Mineure*.

Supofons pour cela que des Missionsionnaires du Pape se présentent aujourd'hui pour la premiére fois au Roiaume de la Chine afin d'y prêcher l'Evangile, & qu'ils soient assez sincéres pour répondre nettement aux questions qu'on leur fera. Je supose en même tems un principe qu'on me niera peut-être si on ne l'éxamine pas atentivement, mais non pas si on l'éxamine bien, c'est que tout homme aiant éprouvé qu'il est sujét à l'erreur, & qu'il voit ou croit voir en vieillissant la fausseté de plusieurs choses qu'il avoit cru véritables, doit être toûjours disposé à écouter ceux qui lui ofrent des instructions, en matiere même de Réligion. Je n'en excepte pas les Chrétiens; & je suis persuadé que s'il nous venoit une flote de la Terre Auftrale, où il y eût des gens qui fissent conoître qu'ils souhaitoient de conférer avec nous sur la nature de Dieu & sur le culte que l'homme lui doit, aiant

aprís

apris que nous avons sur cela des erreurs dânables, nous ne ferions pas mal de les écouter, non seulement parce que ce seroit le moien de les desabuser des erreurs où nous croirions qu'ils seroient, mais aussi parce que nous pourrions profiter de leurs lumiéres, & que nous devons nous faire de Dieu une idée si vaste & si infinie, que nous pouvons soupçonner qu'il augmentera nos connoissances à l'infini, & par des dégrez & des manieres dont la variété sera infinie. Comme donc nous sommes persuadez que les peuples de la terre Australe seroient dans l'obligation d'écouter nos Missionnaires en vertu de la seule proposition que les Missionnaires leur feroient en général, qu'ils viennent pour les desabuser de leurs erreurs sur la Réligion, nous devons croire que nous serions dans la même obligation à l'égard de la flote dont je parle, car l'obligation des peuples Auſtraux ne pourroit pas être fondée ſur ce que nos Miſſionnaires leur aporteroient la vérité, puis que je ſupoſe qu'ils ſeroient dans l'obligation en vertu de l'ofre générale qui leur ſeroit faite, & avant qu'on leur eût fait conoître par aucune preuve, petite ou grande, la vérité de ce qu'on leur voudroit anoncer, ou avant qu'ils fuſſent entrez en aucun doute ſur la vérité de leurs créances. J'entens un doute diſtinct & particulier, & non pas un certain doute implicite, vague & général qui ſemble inſéparable de tout homme qui ſait raiſonner ſur ces maximes; *j'ai cru mille choſes fermement que je ne crois plus, & ce que je crois encore je vois qu'un grand nombre de gens qui valent autant que moi ne les croient pas; je me détermine à croire bien ſouvent non pas ſur des démonſtrations qui me paroiſſent ne pouvoir être autrement, & qui paroiſſent telles aux autres hommes, mais ſur des raiſons probables qui ne le paroiſ-*

roissent pas aux autres hommes. Si donc les peuples de la terre Australe seroient obligez d'écouter nos Missionnaires, avant qu'aucun préjugé particulier les déterminât ou à douter de leur ancienne Réligion, ou à soupçonner qu'on leur vient ofrir la vérité, il est évident que leur obligation seroit fondée sur un principe qui regarde universellement tous les hommes, savoir qu'il faut profiter de toutes les ocasions que l'on trouve d'étendre nos connoissances par l'éxamen des raisons qu'on peut proposer contre nous, ou pour l'opinion des autres.

Mais pour ne pas incidenter, laissons-là ces réfléxions : il n'est pas nécessaire de montrer que les Chinois seroient obligez d'écouter les Missionnaires du Pape en question. Représentons-nous un peu leur premiére conversation : Que l'Empereur de la Chine au milieu de son Conseil fasse venir ces bons péres,

& qu'il leur demande d'abord d'où vient qu'ils ont entrepris ce long voiage. Ils répondront, sans doute, que c'est pour anoncer la véritable Réligion que Dieu lui-même a révélée par son fils unique, & là dessus ils diront cent belles choses sur la pureté de la Morale de Jesus-Chrit, sur la félicité qu'il promet à ses fidéles, & sur le tort qu'on fait à la divinité dans les Réligions Païennes. Il pourroit bien arriver que ce Prince leur répondroit comme fit nôtre Ethelrede aux Moines que S. Grégoire le Grand envoia dans ce païs-ci, que ce qu'ils venoient de dire étoit beau pourvu qu'il fût vrai, & que de bon cœur il y aquiéceroit s'il ne trouvoit plus de certitude dans ce qu'il tenoit de ses Ancêtres ; qu'il consentoit que tous ceux qui le trouveroient véritable en fissent ouverte profession. Mais suposons que le Conseil de la Chine s'avise de faire cette question aux Mis-

Missionnaires ; *quels ordres avez-vous pour ceux qui aprés avoir oüi cent fois vos sermons ne voudront pas vous croire*, & que ces Moines dans la sincérite que nous leur avons supofée d'abord répondent, nous avons reçû commandement de la part de nôtre Dieu qui s'est fait homme, de contraindre à se faire Chrétiens tous les opiniâtres, c'est-à-dire tous ceux qui aprés nos instructions refuseront de se faire batiser, & en consequence de cét ordre nôtre confience nous oblige, dés que nous en aurons le pouvoir, & qu'il n'y aura pas à craindre un plus-grand mal, de chasser à coups de bâton dans les Eglises Chrétiennes tous les Chinois Idolatres, de les emprisonner, de les reduire à l'aumône, d'en pendre quelques-uns pour l'exemple, de leur enlever les enfans, de les abandonner à la merci du soldat, eux, leurs femmes, & leurs biens. Si vous en doutez voila l'Evangile;

voila le commandement clair & net, *Contrain-les d'entrer*; c'est-à-dire emploie toutes les violences les plus propres à venir à bout de la resistance opiniâtrée des hommes.

On conçoit aisément que la sincérité, que je supose à ces Missionnaires, est une Chimére, mais je puis néanmoins faire cette suposition afin de conduire plus-clairement mon Lecteur où je souhaite qu'il vienne. Que pensons nous à cette heure que l'on penseroit & que l'on diroit dans le Conseil ? Ou ce seroient des Conseillers sans esprit, sans jugement, sans raison, des machines parlantes, ou ils conseilleroient à l'Empereur de faire sortir incessamment de ses Etats tous ces Missionnaires, comme des pestes publiques, & de faire défenses expresses d'en laisser jamais entrer aucun, car qui ne voit que c'est introduire dans son Roiaume la semence perpetuelle du carnage & de la la desolation des villes & du plat païs, que de laisser prêcher ces gens-là. Au commencement ils ne feront que prêcher, qu'instruire, que flater, que promettre un paradis, que ménacer d'un Enfer, ils persuaderont beaucoup de monde & il arrivera qu'ils auront dans toutes les villes & dans tous les ports plusieurs sectateurs, & alors ou par les secours étrangers, ou même par les seules forces de ceux qui les suivent, ils commenceront leurs violences contre tous ceux qui voudront persévérer dans leur ancienne Réligion. Ceux-ci n'auront garde d'endurer qu'on les véxe dans les lieux où ils pourront se défendre, ainsi on en viendra aux mains de tous côtez, & on se tüera comme des mouches, & tout autant de Chrétiens qui mourront dans le combat voila tout autant de martirs, au dire des Missionnaires, atendu qu'ils auront perdu la vie en éxécutant l'ordre précis & formel de Jesus-Chrit *Contrain-les d'entrer*. Où est l'ame assez Papale ou Monachale pour ne pas frissonner d'horreur à la vuë de ces afreuses désolations? Mais ce n'est pas le toūt : il faut que l'Empereur lui-même saute tôt ou tard, s'il n'a pas des forces bastantes contre ses sujéts Chrétiens.

Car comme je l'ai déja dit, il seroit absurde que Jesus-Chrit eût commandé la contrainte à l'égard d'un pauvre petit Bourgeois, artisan & païsan, dont la conversion n'est que peu importante, par raport à l'amplitude de l'Eglise, & qu'il ne l'eût pas commandé à l'égard des Rois, dont l'exemple & l'autorité est si utile pour fomenter une Réligion. Ainsi suposé le sens literal que je refute, la premiére chose que devroient faire les Missionnaires dés qu'ils auroient converti une partie des Chinois capable de se faire craindre, c'est de faire

faire savoir à l'Empereur que s'il ne se faisoit pas Chrétien, ils ne lui obéiroient plus, qu'ils lui feroient du pis qu'ils pourroient, qu'ils feroient venir des Croisades de l'Occident pour lui oter sa couronne, qu'ils se feroient un autre Roi fidéle enfant de l'Eglise, & qu'aiant grossi leur nombre par les voies de la contrainte, ils l'obligeroient enfin à se faire moine, ou le tiendroient toute sa vie entre 4 murailles, ou à embrasser leur Réligion. Et s'il arrivoit que se mettant en Campagne pour repousser la force par la force, il vainquît ses sujéts Chrétiens, & les obligeât à lui faire serment de fidélité, & à lui promettre de ne plus violenter personne ; il ne pourroit faire aucun fonds sur ce Traité, ni sur ce serment, parce qu'il comprendroit bien que puis que la loi du Christianisme légitimeroit le vol, le meurtre, la revolte, quand cela seroit utile à la

Réligion, elle autoriseroit aussi l'infidélité dans les sermens, de sorte qu'il auroit sujét de craindre que dés qu'il auroit retiré ses troupes, ses sujéts Chrétiens ne recommançassent leurs fureurs au mépris de leurs sermens, qu'ils subordonneroient toûjours, comme à une condition sous-entenduë, à l'amplification de l'Eglise. Il ne seroit donc jamais en repos ni pour lui, ni pour ses sujéts, tandis qu'il auroit dans ses Etats de tels perturbateurs du repos public, que rien n'est capable de lier, & qui se croiroient tout permis & nécessaire pourvu qu'il servit à leur Réligion.

Par consequent toutes sortes de raisons voudroient qu'il fît sortir de son Roiaume, aprés une audiance de deux heures, tous les Missionnaires Chrétiens, & ainsi avec raison & justice il démeureroit éternellement dans sa fausse Réligion. Consequence horrible, & qui naissant

tres-

tres-naturellement du sens literal, montre qu'il est faux, impie & abominable.

Je dis qu'avec raison & justice il chasseroit ces Missionnaires, car 1. la raison & la justice veulent qu'un Prince qui voit venir des Etrangers dans son Etat pour y anoncer une nouvelle Réligion, s'informe ce que c'est qu'une telle Réligion, & si elle acorde la fidélité que les sujéts doivent à leur Prince avec celle qu'ils doivent à Dieu, & par consequent cét Empereur de la Chine doit dés la 1. conversation s'informer de ces Missionnaires de quelle nature est leur doctrine par raport au bien public & aux loix fondamentales, qui font le bonheur des sujéts & des souverains. Je ne fais pas dificulté de dire qu'un Roi qui ne s'informeroit pas de cela pécheroit contre les loix éternelles qui veulent qu'il veille au repos public du peuple que Dieu lui a soumis.

Soit

Soit donc conclu qu'en bonne justice il doit questionner les Missionnaires sur le point que j'ai touché, de la maniere dont ils se comporteroient envers ceux qu'ils croiroient opiniâtres. Or comme il aprendroit d'abord des choses horribles, contraires à l'équité naturelle, & pernicieuses à ses sujéts, dangereuses à son trône, qu'il aprendroit, dis-je, cela avant que d'être venu à ce dégré de connoissance du Christianisme qui oblige l'homme à l'embrasser, il est clair que de deux obligations où on se le peut représenter successivement, l'une de travailler au repos de ses sujéts, l'autre de professer le Christianisme, celle-là précede l'autre & ainsi il chasse tres-justement les Chrétiens de son Etat & n'en veut plus ouïr parler, aprés quoi la 2. obligation ne viendra jamais, puis qu'il implique contradiction qu'un Prince soit obligé de se faire Chrétien avant que d'être

bien

bien instruit de la vérité du Christianisme, ou qu'il soit bien instruit du Christianisme selon le train des choses humaines, sans avoir plusieurs conférences avec des Chrétiens. Qu'on se souvienne de la maxime d'un Auteur [1] moderne que pour n'être pas schismatique il ne sufit pas de s'être séparez d'une fausse Eglise, mais qu'il faut de plus avoir eu une certitude légitime de la fausseté de cette Eglise. Ainsi afin qu'un Roi de la Chine abandonne justement sa Réligion, il ne sufit pas qu'il embrasse la Chrétienne qui est bonne, il faut de plus qu'il connoisse par de bonnes & solides instructions qu'elle est bonne, autrement il ne feroit qu'un coup téméraire & étourdi, dont Dieu ne lui tiendroit aucun conte. Il est donc certain que le Christianisme n'oblige que ceux qui en connoissent clairement la divinité, ou qui ont

---

[1] Nicole, prét. Réf. convaincus.

ont été en état de s'en faire instruire. Ceux donc qui n'ont pas été en cét état à cause qu'un devoir indispensable les a obligez de chasser ceux qui auroient pû les instruire, démeurent légitimement hors du Christianisme, d'où paroit de plus en plus l'énormité du sens literal par les consequences funestes qui en naissent.

Mais je dis en 2. lieu que cet Empereur ne pourra être blâmé par une personne raisonnable de ce qu'il jugera par cette premiére conversation que la Réligion de ces Missionnaires est ridicule & diabolique; ridicule en ce qu'il verra qu'elle est fondée par un Auteur qui dit d'un côté, qu'il faut être humble, débonnaire, patient, sans aigreur, pardonnant les injures, & de l'autre qu'il faut roüer de coups de bâton, emprisonner, exiler, pendre, foïter, abandonner au pillage du soldat tous ceux qui ne voudront pas
le

le fuivre. Il verra qu'elle eſt diabolique puis qu'outre ſon opoſition diamétrale aux lumiéres de la droite raiſon, il verra qu'elle autoriſe tous les crimes dés qu'ils feront entrepris pour ſon avantage, & qu'elle ne laiſſe plus d'autre régle du juſte & de l'injuſte, que ſon profit, ou ſa perte, qu'elle ne tend qu'à rendre l'univers un téâtre afreux de carnage & de violence.

Enfin je dis que ſi cét Empereur croit une divinité, comme il eſt ſeur que tous les Païens en ont connu une, il doit par un principe de confience, loi éternelle & anterieure à toutes les Réligions de droit poſitif, chaſſer les Chrétiens de ſon Etat. En voici la preuve. Il aprendroit par ces Miſſionnaires que c'eſt une des loix fondamentales du Chriſtianiſme, & un des ordres les plus-exprez & les plus-clairs du fils de Dieu de contraindre les hommes par les tourmens & les violences à la profeſſion

fession de l'Evangile : Or c'est une chose, humainement parlant, tres-inséparable d'une infinité de crimes contre la premiére & la plus-indispensable de toutes les loix, plus-noirs par conséquent & plus ofensans la divinité que tout ce que l'on pourroit faire contre le Christianisme mal connu ; Donc tout Prince est obligé, en consience, d'empêcher qu'une telle chose ne s'introduise dans son Roiaume, & l'on ne conçoit pas que Dieu puisse le censurer de ce qu'il a chassé des Chrétiens lors qu'il les a clairement connus des causes moralement nécessaires de cette longue suite de crimes, car tout homme qui craint Dieu doit emploier toute son autorité à prévenir le crime ; & quels crimes y a-t-il qu'il faille prévenir davantage, que les hiprocrisies de Réligion, que les actes que l'on fait contre les instincts & les lumiéres de la consience ? Or voila ce que produisent in-
fail-

failliblement les maximes du sens literal. Etablissez des peines contre tous ceux qui pratiqueront certains actes de Réligion, & qui refuseront d'en pratiquer d'autres, exposez-les à la violence des gens de guerre, batez-les, enfoncez-les dans des cachots püans, privez-les des honneurs, & des charges, envoiez-les aux mines, ou aux Galéres, pendez ceux qui feront plus les entendus, comblez de biens & d'honneurs ceux qui abandonneront leur culte, vous pouvez être assurez qu'une infinité de gens renonceront, quant à l'exterieur, à la Réligion qu'ils croient bonne, & professeront celle qu'ils croient mauvaise. Actes d'hipocrisie, & de félonnie contre la divine Majesté au premier chef, puis qu'elle n'est jamais plus-directement ofensée que lors qu'on fait ce que la consience, je dis la consience la plus-erronée dicte clairement lui être desagréable. De sorte te qu'un Prince qui veut empêcher, entant qu'en lui eſt, que ſes ſujéts ne deviennent méchans & ne commettent le crime le plus-deſagréable à Dieu qui ſe puiſſe commettre & le plus-certainement crime, doit chaſſer ſoigneuſement les Chrétiens perſecuteurs. Et qu'on ne me diſe pas que c'eſt une erreur de fait en lui, car abſolument, univerſellement, & dans les idées éternelles de Dieu, régle primitive, originale & infaillible de la droiture, c'eſt un péché tres-criant que de faire ſemblant d'être Chrétien, lors que la conſience nous montre que la Réligion Chinoiſe, que nous abjurons extérieurement, eſt la meilleure de toutes, ainſi cét Empereur ne ſe pourroit empêcher d'éloiger ces Miſſionnaires ſans expoſer ſes ſujéts à la tentation preſque inſurmontable de commettre le plus-grand de tous les crimes, & ſans s'y expoſer lui-même, car comme perſonne ne

peut

peut s'assurer qu'une Réligion nouvelle qu'on lui présente lui paroîtra véritable, & qu'un Roi exposé à l'alternative ou de se voir détrôné ou de faire semblant d'être d'une Réligion qu'il croit fausse, doit craindre tres-raisonnablement de sucomber à la tentation; l'amour qu'il a pour la droiture & pour la divinité qui reluit dans sa consience, quoi qu'il se trompe, l'engagent nécessairement à prévenir ces dangers par l'expulsion de ceux qui les aportent avec-eux par tout où ils viennent avec leur maxime prétenduë Evangelique *Contrain-les d'entrer*.

Je ne pense pas desormais qu'il y ait quelque chose à desirer à la preuve de la 2. proposition de mon sillogisme, car qui ne voit qu'un Prince chasse de ses Etats les Missionnaires Chrétiens avec raison & justice, lors qu'il les chasse.

1. Parce que sa qualité de Roi l'y

l'y engage, entant que l'ordre nécessaire & immuable veut qu'il éloigne de ses Etats tout ce qui y aporte le desordre, la confusion, les guerres civiles, les seditions, & les revoltes.

2. Parce que la Réligion naturelle l'y engage & toutes les idées du droit Moral, entant que l'ordre nécessaire & immuable veut que toute personne, & les Rois principallement, chassent & éloignent tout ce qui vient renverser les bornes qui séparent le vice & la vertu, & convertir les actions les plus-abominables en actions de piété dés qu'on les fera pour l'amplification de la Réligion.

3. Parce que les droits de la consience, qui sont directement ceux de Dieu-même, l'y engagent, entant que l'ordre nécessaire & immuable veut qu'on éloigne, autant que faire se peut, toutes les circonstances qui mettent l'homme dans l'o-

l'ocasion prochaine & dans un péril presque inévitable de trahir sa conscience & son Dieu.

Aprés cela il n'est pas besoin de prouver en particulier que tout Prince qui trouveroit les Chrétiens établis dans ses Etats, soit par la négligence de ses Ancêtres, soit parce qu'il auroit conquis leurs païs, auroit droit de les chasser toutes les fois qu'il feroit réfléxion sur leurs pernicieuses maximes.

La seule chose qu'on m'oposera ce me semble, c'est de dire, que l'Empereur Chinois manqueroit du prétexte que je lui donne, d'autant qu'il ne faudroit pas lui dire d'abord que Jesus-Chrit nous ait commandé d'user de contrainte. Mais outre que j'ai prévenu cette objection en montrant que lui & son Conseil tomberoient dans une négligence tres-criminelle, s'ils ne questionnoient ces nouveaux venus sur la nature de leur doctrine, par raport aux

Prin-

Princes & aux sujéts qui ne voudroient pas donner dans leurs nouveautez, laquelle question étant faite, il faudroit que nos Missionnaires s'expliquassent rondement ou fussent des fourbes; outre cela, dis-je, qui ne voit non seulement que c'est avoüer que le sens literal de la parabole est une doctrine dont on a honte, mais aussi que c'est traiter la publication de l'Evangile à la maniere des intrigues d'un Machiavel, ce qui fait horreur quand on y pense, & qui seul seroit capable de faire détester le Christianisme comme une fourbe maudite. Quoi, l'on trouveroit à propos que l'on s'insinuât au Roiaume de la Chine sous les aparences d'une grande modération, & en renards, afin d'agir ensuite comme des Tigres & comme des Lions sur ces bonnes gens que l'on auroit trompez par ces belles aparences? Non cela ne se peut pas, & rien ne seroit plus-capable de décrier

crier la Morale de Jefus-Chrit que de fupofer qu'il auroit commandé à fes diciples d'ufer de violence dés qu'ils le pourroient feurement, mais qu'en atendant cela ils fe gardaffent bien de le dire, que ce devoit être un Miftere entre-eux à faire éclorre feulement lors qu'ils feroient les plus-forts, & à cacher foigneufement fous une modération, & une patience la plus-Comedienne qu'ils pourroient afin qu'on n'en foupçonnât rien, à peu prés comme un affaffin, qui ne veut pas qu'on fe défie de lui, cache foigneufement fon poignard ou fon piftolet dans fa poche, & ne le tire que quand il voit beau à faire fon coup. Pour moi fi cela eft, je ne voi pas qu'on puiffe nïer qu'il en va de la Réligion Chrétienne comme d'un homme qui s'éleve en Tartuffe dans les hautes dignitez par le mépris des injures, par les auftéritez, par la foumiffion, par la civilité la plus-

populaire, & qui tout d'un coup léve le masque étant arrivé à ses fins, & devient le fleau du genre humain par ses crüautez, & par sa fierté tirannique. Si un Historien a comparé l'Empire Romain à un homme, qui nous empêchera de *personifier* le Christianisme par une semblable comparaison. Son enfance & sa premiére jeunesse ont été emploiées à se pousser malgré les obstacles de la fortune ; il a fait le doux & le modeste, l'humble & le bon sujét, le charitable & l'oficieux, & s'est tiré enfin par ce moien de la misére, voire même s'est élevé haut; mais aprés avoir ainsi gagné le dessus il a quité son hipocrisie, & fait agir sa violence, ravageant tout ce qui s'est voulu oposer à lui; portant par ses Croisades la désolation au long & au large, & enfin abîmant le nouveau monde par des crüautez qui font horreur, & cherchant d'en faire autant au-
jour-

jourd'hui au reste de la terre qu'il n'a pas encore ensanglanté, la Chine, le Japon, la Tartarie, &c. Nous ne saurions empêcher que les Infidéles ne disent cela puis qu'ils peuvent le voir dans l'Histoire, & l'Eglise Romaine qui a tenu le haut bout dans le Christianisme pendant si long-tems ne peut pas empêcher que les sectes qui l'ont quitée ne lui mettent toute la charge de ces reproches sur le dos, mais si nous ne pouvons pas empêcher que la Réligion Chrétienne ne démeure couverte de cette infamie, au moins sauvons l'honneur de son fondateur & de ses loix, & n'allons pas dire que tout cela s'est fait à cause qu'il nous à commandé la contrainte; Disons que les hommes n'étant pas trop acoutumez à vivre conséquemment à leurs principes, les Chrétiens n'ont pas suivi les leurs; & qu'ils ont été violens, en prêchant un Evangile qui ne leur commande que la débonnaireté: Nous sauverons par-là le Christianisme au dépens de ses sectateurs, mais si nous disons que toutes les violences que le papisme a éxercées ont été les suites légitimes & naturelles du précepte de Jesus-Chrit *Contrains-les d'entrer*, alors ce sera tout le contraire; nous mettrons l'honneur des Chrétiens à couvert au dépens de leur Réligion & du fondateur adorable de leur Réligion. Or quelle abomination n'est-ce pas que d'imputer à Jesus-Chrit toutes les crüautez des Papes & des Princes, qui l'ont reconnu pour Chef de l'Eglise? Cependant il n'y a pas lieu de l'éviter si l'on suit le sens literal de la parabole. Tout ce qu'ils auront fait en matiere de violences & de barbaries, ne sera que des actes de pieté, & d'obéïssance filiale au fils de Dieu. C'est donc une nécessité de dire que ce sens literal est non seulement une fausse interpretation de l'Ecril'Ecriture, mais aussi une impiété éxécrable.

CHAPITRE. VI.
Cinquiéme Refutation du sens literal par la raison qu'il ne peut être éxécuté sans des crimes inévitables. Que ce n'est pas une excuse que de dire qu'on ne punit les hérétiques que parce qu'ils ont contrevenu aux Edits.

ON vient de voir combien le prétendu précepte de Jesus-Chrit rendroit odieuse justement à toute la terre sa divine Réligion: formons, de ce qui a été dit au chapitre précedent, une nouvelle preuve en cette maniere.

Tout sens literal qui enferme un commandement universel dont l'éxécution ne peut qu'être compliquée de plusieurs crimes est faux,

Or tel seroit le sens literal de ces paroles, *Contrain-les d'entrer*,

Donc il est faux.

E 4 La

La majeure est une proposition qui se persuade elle-même ainsi ce seroit une peine inutile que de la prouver. Arrêtons nous donc seulement sur la 2. proposition ; mais arrêtons nous y peu, puis que dans toutes les preuves déja établies se trouve l'éclaircissement de celle-ci, qui, à proprement parler, n'est qu'une branche de nôtre *medium* général. Je me mets peu en peine si on m'acusera de multiplier mes preuves sans nécessité ; j'aime mieux en user ainsi, que de laisser trop envelopées & conglomerées les diverses faces de mon argument général. Il aura sans doute plus de force lors qu'on en considera séparement les parties.

Les plus grands Persécuteurs m'avoüeront que le commandement de contraindre n'a pas été commis au caprice de chaque particulier, ainsi je ne leur veux pas reprocher les desordres éfroiables qui

naî-

naîtroient de leur principe par les émotions populaires, & par le zéle inconsideré d'un petit Curé ou Juge de vilage qui feroit sonner le tocsin sur les sectaires de son ressort, toutes les fois que la fantaisie lui en prendroit. On me répondroit aisément que ce n'est pas ainsi qu'ils prennent la chose ; qu'il prétendent que Jesus-Chrit n'adresse son commandement qu'à ceux qui dans chaque païs ont le droit du glaive, & l'autorité Politique, ausquels il veut que les gens d'Église aient leur recours quand il faut contraindre d'entrer les Héretiques. Voions donc avec cette explication qui mét hors de ligne de compte les violences tumultüeuses des particuliers séditieux & emportez, si nous trouverons dans la maniere légitime, selon nos Adversaires, d'éxecuter le commandement de Jesus-Chrit, une grande complication de crimes. Je pousserai même ma complaisance pour

pour eux jusqu'a ne pas me servir de ces éxécutions sanguinaires que l'Histoire nous marque; je m'arrêterai à celle qu'ils croient la plus-reguliere & la plus-moderée de toutes, savoir à ce qui vient de se faire en France.

Combien de crimes, bon Dieu ! ne s'est il pas commis durant le cours de cette persécution ? Combien d'Arrêts du Conseil sans sincérité, & sans bonne foi ? Combien d'Arrêts de Parlement contre les régles ? Combien de témoins subornez ? Combien de chicanes ? Qu'on ne dise pas que ce sont les fautes personnelles des Exécuteurs de la parabole, car ce sont des suites naturelles & inévitables du sens literal qu'on lui donne. En éfet ce sens enfermant comme on le prétend, la contrainte, c'est aux Princes de chaque païs à choisir selon leur zéle & leur prudence l'espece de contrainte qui leur semble la meilleure. On
a choisi

a choisi d'abord en France, celle des procés contre les Ministres & les Temples, & des traverses des particuliers dans les afaires civiles. Voila donc un choix fondé sur l'ordre de Jesus-Chrit: il s'enfuit donc que les voies qu'on imagine pour contraindre dans ce genre-là sont des dépendances de ce choix, & si ces dépendances sont tellement nécessaires que sans elles il n'y auroit pas de contrainte, il est clair qu'elles sont une suite naturelle & légitime de l'ordre de Jesus-Chrit, & non un défaut personnel de celui qui obéit à cét ordre. Or il est bien certain que la contrainte eût été fort peu de chose, si on eût aporté dans les procés l'équité & la bonne foi. Il faloit néanmoins de la contrainte afin d'obéir à l'ordre de Jesus-Chrit, il a donc falu méler la chicane & la mauvaise foi dans les procedures, afin que le dommage temporel qu'elles causeroient aux Protestans,

les

les contraignit de se faire Catoliques.

Voila donc bien des crimes à la suite de cette contrainte qu'on a choisie en éxécution des commandemens de Dieu, car croit-on que cela n'excite pas mille passions & dans l'ame de ceux qui soufrent, & dans l'ame de ceux qui font soufrir? Cela n'aigrit-il pas les esprits, cela n'allume-t-il point la haine dans le cœur les uns contre les autres, cela n'engage-t-il pas à médire cruëllement les uns des autres, & à se faire encore mutuëllement plus-mechant qu'on n'est. Suposé que le papisme fût la bonne Réligion, cela n'engageroit-il pas les Héretiques, qui soufrent, à blasphémer contre elle dans l'ame, à la détester, & par-là ne sont-ils pas jettez dans l'ocasion prochaine de pécher, & de s'obstiner dans leur hérésie? Qu'on y songe un peu froidement, je m'asseure qu'on conviendra que rien

n'est

n'est plus-propre à banir du cœur cette tranquilité Evangélique, ce calme des passions humaines & deréglées qui est si conforme à l'esprit de la piété, & qui fait tant germer les vertus Chrétiennes.

Mais le mal que je viens de dire n'est rien en comparaison de ce qui s'est fait enfin dans le même Roiaume, quand on a contraint par le logement des gens de guerre les protestans à promettre qu'ils renoncéroient à leur Réligion, car d'un côté combien d'insolences ces soldats n'ont ils pas commises, & de l'autre combien d'hipocrisies & de profanations les protestans qui ont signé n'ont-ils point faites? Combien d'intemperances par les soldats combien de rapines, combien de blasphêmes, combien d'injures contre leur prochain? Ne faut-il pas mettre sur le conte de la persécution tous les déréglemens qu'ils ont commis? Je serois fort-curieux de savoir

savoir comment un Confesseur se gouverne lors qu'un dragon se confesse qu'il a bâtu son hôte huguenot. Si le Confesseur ne prend pas cela pour un péché, il faut qu'il tombe dans l'inconvenient que j'ay rélévé ci-dessus, *qu'une action qui seroit un crime cesse de l'être lors qu'elle est commise contre un homme d'une fausse Réligion que l'on veut attirer à la bonne*; Inconvenient qui ouvre la porte au plus-éfroiable cahos qui ait jamais été imaginé. Si le Confesseur prend cela pour un péché, comme il le doit faire, il s'ensuit que la derniere persécution a engagé nécessairement & inévitablement les soldats à commettre une infinité de péchez, puis qu'il a falu nécessairement qu'ils aient maltraité leurs hôtes ou en leurs biens, ou en leurs personnes, autrement il n'y eût pas eu de contrainte, & on n'eût pas suivi les ordres du fils de Dieu. Soit que le Dragon se confesse ou ne se confesse pas

pas du tort qu'il a fait à son prochain, l'action ne laisse pas d'être tres-réellement contraire à la défense qui nous est faite dans l'Evangile de ne point maltraiter nôtre prochain?

On demandera peut-être ici si en qualité d'Exécuteurs des ordres du Prince les soldats ne peuvent pas innocemment bâtre leur hôte, comme innocemment ils le pourroient pendre s'ils étoient révétus de la charge d'Exécuteurs de la haute justice. Je répons à cela 2. choses; la première qu'en tout cas leurs insolences & leurs mauvais traitemens ne laisseront pas d'être des pechez pour le conte de celui qui leur commande d'agir ainsi, de sorte que le nombre des crimes sera toûjours le même; la 2. qu'il est aussi infaillible que les choses humaines le peuvent être, que tous les mauvais traitemens que l'on commandera aux soldats deviendront des péchés pour eux,

eux, parce qu'ils les éxécuteront avec plaifir, & qu'ils en feront même plus qu'on ne leur ordonnera. Chacun voit qu'un Bourreau qui pend un homme innocemment lors qu'il ne fait qu'obéïr aux ordres de la Juftice, fait un péché manifefte contre la charité envers le prochain lors qu'il eft bien aife de faire fa fonction, lors qu'il fe plaît à faire foufrir fon patient, & qu'il cherche des adreffes pour agraver fa foufrance, ainfi l'on ne peut nier que des Dragons ne fe rendent fort-criminels, éxécutant avec joie, & avec mille paffions baffes & blâmables les ordres qu'ils reçoivent de véxer un homme, d'où il s'enfuit que tous leurs defordres font des péchez & pour eux & pour celui qui les leur commande ou les leur permet; fi bien que ces defordres étant néceffaires pour contraindre d'entrer les héretiques, il fe trouvera felon nos gens que Jefus-Chrit aura commandé dé une contrainte à laquelle une infinité de crimes auront été nécessaires. Qui ne frémiroit d'ouïr cela?

Que sera-ce si l'on joint à tous les péchez des soldats les fourberies qui intervenoient de la part des gens d'Eglise, & de la part des persécutez. Les gens d'Eglise venoient promettre qu'on se contenteroit d'une profession de foi vague, & recévoient en efét plusieurs personnes à l'abjuration moiennant cela. Ils faisoient aussi cent mensonges, faisant à croire à ceux qui tenoient bon ou en prison, ou dans les Cloîtres, que tels & tels avoient signé, afin que par ces supercheries ils ébranlassent la constance d'un homme qu'ils croient qui se conduiroit par l'exemple de quelques autres. Cette mauvaise foi a été générale par tout le Roiaume, avec celle de promettre des pensions, des biens des Charges, qu'on ne vouloit pas acor-

acorder, du moins si grandes qu'on disoit, ou pour si long-tems qu'on disoit. Mais les malheureux persetez sont tombez encore dans une fourberie plus-criminelle, puis qu'ils ont fait semblant de renoncer à leur Réligion quoi-que dans leur ame ils en fussent plus persuadez que jamais. Que de gémissemens de consciences sortent tous les jours de-là, que de remors, que d'amertumes de vie soit pour tâcher de se sauver dans les païs étrangers au hazard d'y être pauvres, soit en voiant que si on se sauve on laisse ses enfans dans l'abîme. Mais par raport à l'Eglise Romaine, combien de profanations de ses sacremens les plus-augustes se commet-il? Qu'il est édifiant de voir qu'un homme ne veut pas communier à l'article de la mort, & qu'il faut sevir sur son cadavre, afin de faire peur aux autres? Cela n'est-il pas beau que le corps du fils de Dieu soit jetté à la tête

tête de gens qui n'en veulent point, & qu'une action qui est la mort de l'ame pour celui qui n'est pas légitimement préparé par foi & par amour, soit commandée sous de grosses peines à des gens qu'on sait qui n'ont aucune foi pour cela, mais beaucoup d'obstination intérieure pour ce qu'on apelle leurs héresies. Il est manifeste que ce n'est plus le zéle qui porte à ces procedures, mais la pure vanité de n'en avoir pas le démenti, & de n'avoir pas pris tant de peine pour le triomphe du papisme & se voir en suite trompé par de fausses signatures.

Je ne comprens pas comment les personnes d'esprit qui ont été complices avec sa Majesté tres-Chrétienne du dessein d'inonder tout son Roiaume des soldats pour faire abjurer les Huguenots, ont pû soutenir l'idée de cette afreuse multiplicité de crimes enchainez queuë à queuë les uns aux autres à la suite de de cette éxécution. Ils sont trop habiles pour n'y avoir pas songé, mais comment donc ont-ils fait pour se charger de toutes les brutalitez que commettroient les Dragons, de toutes les menteries dont se serviroient les Missionnaires, de toutes les hipocrisies de ceux qui sucomberoient à la tentation, de toutes les communions, sacriléges, & profanations de sacremens qu'ils commettroient, de tous les soupirs, & gémissemens des consiences tendres, de tous les déchiremens d'entrailles de ceux qui se verroient séparez de leurs biens & de leurs enfans, & en un mot de toutes les passions de haine, de ressentiment, de vanité, d'insulte, qui s'éleveroient respectivement dans les persécutez & dans les persécuteurs ? Dire aprés cela que Jesus-Chrit est l'Auteur d'un pareil dessein, & d'une contrainte si bien liée avec ce gros atirail de crimes, c'est en vérité blasphêmer

le

le plus-criminellement du monde.

Mais prévenons ici quelques objections. On me pourra dire 1. que l'on n'a pas dû prévoir toutes ces suites, & que Jesus-Chrit, qui a préveu les desordres que son Evangile a Causez dans le monde, n'a pas laissé de charger ses Apôtres de le prêcher à toutes nations. 2. Que la grande utilité qui en est arrivée à la vraïe Eglise rectifie tous ces desordres. 3. Qu'un Roi étant le maître dans son Roiaume & l'Exécuteur de ses loix peut punir comme bon lui semble ceux qui enfraignent les ordres qu'il publie, qu'on ait à se conformer à sa Réligion.

Je répons à la premiére dificulté qu'encore que les hommes n'aient pas une connoissance certaine de l'avenir, ils le conjecturent néanmoins à l'égard de certaines choses avec assez d'évidencé pour devoir régler sur cela leurs desseins & leurs projéts; de maniere que quand des
con-

conjectures tres-probables & tout à fait aparentes leur aprenent qu'ils feront cause de beaucoup de crimes, en donnant de certains ordres, ils sont tres-criminels s'ils les donnent. Or je soutiens que les persécuteurs de France sont dans le cas : il faudroit ignorer les choses les plus-manifestes pour ne savoir point que des gens de guerre logez chez des Héretiques avec ordre de les inquiéter, & de les ruïner jusques à ce qu'ils promettent de changer de Réligion, commettront cent insolences, & cent violences, & feront sucomber un tres-grand nombre de gens, c'est-à-dire qu'ils en feront des hipocrites & des profanateurs des Misteres. Aiant vu la chose tres-apparente, & moralement inévitable, ils n'ont pû faire ce qu'ils ont fait sans se rendre tres-criminels, & si Jesus-Chrit leur avoit commandé de le faire, il les auroit engagez à faire des crimes : il faut donc

donc qu'ils soient dans une erreur tres-dânable de croire qu'il leur ait ordonné de contraindre les héretiques à se faire Catholique.s On ne peut nier que l'une des qualitez qui rendent le Diable plus-odieux à Dieu est celle de tentateur : il faut donc qu'il péche griévement lors qu'il nous tente, encore qu'il ne voie que par conjecture le succés de sa tentation. Ainsi tout homme qui peut voir par conjecture qu'il extorquera des feintes abjurations, en tentant les gens par la crainte de la misére, & d'une soldatesque insolente, en a assez pour être un Tentateur tres-criminel. L'envoi des Apôtres pour la prédication de l'Evangile n'a rien de semblable, car ils ne devoient que prêcher, qu'instruire, que persuader ; & c'est la chose du monde la plus-innocente : si elle a irrité le monde, & l'a porté à cent excés, c'est uniquement la faute du monde ; l'Evangile n'en
à été

a été cause que par accident : il laissoit à un chacun qui ne voudroit pas l'embrasser, ses biens, sa maison, ses honneurs & sa famille; & ainsi il ne tentoit pas, à l'hipocrisie; il n'éxigeoit point de ses sectateurs qu'ils mentissent, qu'ils batissent les opiniâtres; il vouloit seulement qu'ils instruisissent. On ne peut donc pas lui imputer ni les fautes des Convertisseurs, ni l'emportement des Païens : mais ici c'est tout le contraire; on ordonne aux convertisseurs de maltraiter les gens, de dissiper leurs biens, de leur ôter leurs enfans, de les mettre en prison, &c. Ainsi les violences, des Convertisseurs sont directement commandées, & la tentation de signer par hipocrisie est directement mise devant les piez.

La 2. difficulté n'a pas besoin de réponse aprés ce qui a été dit ci-dessus, car chacun voit que si l'on juge d'une action par l'utilité qui en en revient à l'Eglife, nous n'avons plus de barriere qui fépare le vice d'avec la vertu, & que la calomnie, le meurtre, l'adultere, & en général tout ce qui fe peut concevoir de plus-atroce, deviendra une action pieufe dés qu'elle fera exploitée contre les Hétérodoxes. Vraiment voila de gens qui s'y ententendent ; on a fait difparoître en peu de tems tous les Héretiques de France; donc tous les crimes des Dragons, & toutes les Profanations des Sacremens font devenuës de bonnes œuvres, *fcelera ipfa nefafque hâc mercede placent*, a-t-on dit autrefois pour flater Neron. Combien y a-t-il de François qui en difent aujourd'hui autant, puis que tout ce grand atirail de crimes a procuré à nôtre Invincible Monarque la gloire & le contentement de ne voir qu'une Réligion dans fes Etats, il eft jufte, beau & infiniment agréable qu'ils aient été commis, *fcelera*

F *ipfa*

ipsa nefasque hâc mercede placent. Il y a long-tems que l'on a dit dans la Communion Romaine qu'en contraignant les péres à être hipocrites on gagnoit du moins les enfans, maudite & détestable maxime ! Et si cela est pourquoi n'envoie-t-on pas des Corsaires enléver en pleine paix tous les enfans qu'ils pourront en Angleterre, en Turquie, en Gréce, en Suéde & en Hollande ? pourquoi a-t-on blâmé ceux qui ont voulu contraindre les Juifs à faire batiser leurs enfans ? pourquoi ne feroit-on pas assassiner des Ministres qui empêchent par leurs prédications que l'Eglise ne gagne des Païsans ignorans ? Oh dira-t-on nous n'y allons pas ainsi, nous n'en voulons point au sang, nous nous contentons de la prison & des amandes, & nous détestons les persécuteurs à rouës & à gibets : pauvres gens vous étes dans une grande illusion, & je vous montrerai en

un

un autre lieu que dés qu'on autorise la contrainte quelle qu'elle soit, il n'y a pas de point fixe pour s'arrêter, & que les mêmes raisons qui prouvent qu'on peut mettre un homme en prison pour fait d'héresie, prouvent encore mieux qu'on peut le pendre.

Reste la 3. objection qui est un lieu commun fort rebâtu par tous les flateurs François, gens de qui on peut dire sans aigreur, que l'esprit d'une basse flaterie & indigne de Chrétiens, indigne même de ces infames délateurs qui vivoient sous les 10 ou 12. prémiers Empereurs, les a tellement infatuez qu'ils n'ont aucun égard à ce qu'ils donnent sujét à toute l'Europe de les tourner en ridicules. Ils bercent tous les jours leur Prince de ces éloges qu'il n'a converti ses sujéts que par sa charité, & par la justice toute manifeste de ses Edits : si l'on veut savoir le sens de cela, c'est que si on

F 2   a ema emploié quelque rigueur ce n'a été que contre ceux qui avoient contrevenu aux Arrêts de fa Majefté, & nommement à la déclaration que l'on a faite dans chaque ville avant que de donner des billets aux foldats, que le Roi ne vouloit plus qu'une Réligion en fon Roiaume, & qu'il feroit fentir à ceux qui ne fe conformeroient pas à fa volonté les éfets de fa puiffance. Il a pû les condanner, dira-t-on, à l'éxil, à la perte des biens, de la liberté, de la faculté d'éxercer aucune charge ou métier, en cas qu'ils perfiftaffent dans leur héréfie: ils y ont perfifté, n'eft il pas bien jufte que les gens de guerre leur faffent foufrir les peines encouruës par leur defobéïffance. Cette objection mérite d'autant plus d'être refutée, qu'il y a d'honnêtes gens ennemis de la perfécution, à ce qu'ils croient, & grands partifans des immunitez de la confience, qui difent que les fou-

verains

verains ne peuvent pas à la vérité châtier ceux d'entre leurs sujéts qui ont une telle foi, mais qu'ils peuvent sous certaines peines leur défendre d'en faire profession publique, & s'ils le font, les châtier aprés cela non pas comme imbus de telles ou de telles opinions, mais comme infracteurs des loix. C'est venir pitoïablement s'échouër aprés un long circuit inutile au même écueil, où les autres vont directement.

Car s'il ne faloit pour être persécuteur que punir les sectateurs d'une Réligion avant que d'avoir publié des loix contre elle, il n'y auroit rien de plus-facile que de commettre les violences les plus-cruelles sans être en façon du monde persécuteur, il ne faudroit qu'avoir la patience de faire publier un édit enjoignant à toutes personnes de venir, par exemple, dans une certaine Eglise assister au service divin,

à peià peine de la corde, & aprés cette patience de peu de jours, on verroit ceux qui n'auroient pas assisté aux divins ofices, & on les pendroit comme rebelles. Or comme ce seroit se moquer du monde que de prétendre que ce ne seroit pas une persécution proprement ainsi nommée, il est facile de voir que les Edits préalablement publiez & enrégîtrez ne font rien à la question & n'empêchent pas qu'on ne violente la consience, & qu'on ne punisse tres-injustement.

Je souhaiterois que tous ces Ecrivains flateurs leussent un peu leur S. Thomas, ou du moins le Traité *de la Foi humaine* publié par les Jansenistes ; ils y verroient au chap. 8. de la 1. partie, *qu'une loi qui n'est pas juste n'est pas une loi, & qu'elle ne participe à la force de la loi qu'autant qu'elle participe à la justice, ... qu'elle doit être possible selon la nature, nécessaire, utile, regarder l'utilité publique & non pas l'interêt particulier,*

culier, car comme difent ces Auteurs un peu plus bas, *il faut que les loix Ecléfiaftiques tendent au bien particulier de ceux à qui elles font impofées n'étant pas permis dans l'Eglife de faire un mal à des particuliers fous prétexte de procurer un bien au public.* Quoi qu'il en foit de ces conditions d'une loi, que je ne crois pas toûjours néceffaires afin qu'un particulier s'y foumette (car quand il ne s'agira que d'un interêt temporel, il fera fagement de fe foumettre à une loi injufte) je dis felon la rémarque propofée ci-deffus dans le chapitre 4, que quand on veut prouver qu'un Prince châtie juftement fes fujéts, il ne fufit pas d'alleguer en général qu'ils n'ont pas fait ce qu'il leur avoit commandé ; il faut de plus que l'on montre qu'ils pouvoient faire en honneur & en confience ce qu'il leur avoit commandé, car fi un Prince, méchant Poëte, s'avifoit de faire un Edit enjoignant à tous fes fujéts de déclarer au Gré-
fe de

fe de la paroiſſe qu'ils ſont perſuadez que les vers du Roi ſont beaux, à peine d'être condannez au banniſſement, & s'il ſe trouvoit pluſieurs ſujéts ſemblables à Philoxene qui ne peut jamais être aſſez diſſimulé pour loüer les Poëſies de Denis le Tiran, trouveroit-on juſte l'éxil de ces ſujéts? Cependant il ſeroit fondé ſur la deſobéïſſance d'un Edit. Trouveroit-on raiſonnables les amandes qu'on infligeroit à des gens qui refuſeroient de croire que la terre tourne, que les couleurs ne ſont pas dans les objéts, que les bêtes ſont des automates, aprés qu'un Roi auroit publié que tous ceux qui ne croiroient point ces 3. choſes ſeroient taxez à tant au profit du Fiſc. Ou bien trouveroit-on juſte qu'un Roi ordonnât ſous des peines éxécutables que tous ſes ſujéts aimaſſent l'étude, les parfums, les poiſſons, certaines ſauſſes, qu'ils euſſent les yeux bleus, la barbe épaiſſe,

paisse, &c. Ne seroit-ce pas une Tirannie toute visible que d'envoier vivre à discretion des Dragons chez un homme qui n'obéïroit pas à cette sorte d'Edits ? C'est donc une ignorance crasse ou plûtôt une flaterie ridicule que de prétendre que les traitemens faits à ceux de la Réligion sont justes, parce qu'ils ne se sont pas conformez à l'ordre verbal qui leur étoit fait un peu avant la distribution des billets aux troupes, qu'ils eussent à être de la Réligion du Roi, car pour d'Edit notifié & régîtré touchant cét ordre, je ne sache pas qu'il y en ait eu avant l'expedition d'une partie du Roiaume, & j'ai déja dit que la révocation de l'Edit de Nantes donnoit un certain tems pour aviser à ce qu'on auroit à faire, mais que ce n'a été qu'une tromperie la plus-grossierement infidéle qui se soit vûë.

Puis donc que généralement parlant ce que les sujéts ne se sont pas
con-

conformez à la volonté de leur Prince, ne prouve pas qu'ils soient justement punis des peines dont-il a ménacé les délinquans, il faut éxaminer en particulier à quelle sorte de loix ils n'ont pas obéï lors qu'on veut conoître s'ils sont avec justice soumis au pillage & à la discretion de la soldatesque. Or cét éxamen particulier nous feroit voir, si nous le faisions, que les Edits pour l'inobservation desquels l'on pourroit prétendre que les Protestans François ont mérité d'être exposez aux Dragons, sont essentiellement injustes, & par consequent les peines que l'on fait souffrir à ceux qui ne les ont pas éxécutez sont injustes *ipso facto* & par leur nature. On ne peut donc pas éluder par-là la force de mon argument, qui est (ce que je prouve par l'éxemple de la derniére persécution de France) que Jesus-Chrit n'a pas commandé de contraindre à suivre sa Réligion, puis que

que ce seroit un ordre qu'on ne pourroit éxecuter sans une complication de plusieurs crimes.

Pour montrer en peu de mots l'injustice de la déclaration verbale qui étoit faite aux Protestans, que le Roi ne vouloit plus qu'une Réligion dans son Roiaume, & que tous ceux qui ne se conformeroient pas à cette sienne volonté éprouveroient les rigueurs de sa justice; je ne m'amuserai pas à citer l'Edit de Nantes, ni tant d'autres promesses solemnelles, car ce ne sont que des bagatelles pour les Rois; promesses, sermens, Edits, ce ne sont que des pis aller dont ils se servent à propos, & qu'ils souflent comme des toiles d'araignée dés qu'ils en ont tiré quelque utilité; je remonte à ce raisonnement primitif & essentiel.

Toute loi qui est faite par un homme qui n'a point droit de la faire & qui passe son pouvoir est injuste,

juste, car comme dit Thomas d'Aquin, pour qu'une loi soit juste, il faut entre autres choses *que celui [1] qui la fait ait l'autorité de la faire, & qu'il ne passe pas son pouvoir.*

Or est-il que toute loi qui oblige à agir contre sa consience est faite par un homme qui n'a point d'autorité de la faire & qui passe son pouvoir.

Donc toute telle-loi est injuste.

Pour montrer la vérité de ma seconde proposition, je n'ai qu'à dire que toute l'autorité des souverains vient ou de Dieu immédiatement, ou des hommes qui entrent en société sous certaines conditions.

Si elle vient de Dieu il est clair qu'elle ne s'étend pas jusqu'à pouvoir faire des loix qui engagent les sujéts à agir contre leur consience, car autrement il s'ensuivroit que Dieu pourroit conferer à l'homme le pouvoir d'ordonner la haine de
Dieu

---

1 *Voiez le Traité de la Foi hum.* Ubi supra.

Dieu, ce qui eſt abſurde & néceſ-
ſairement impoſſible, la haine de
Dieu étant un acte eſſentiellement
méchant. Pour peu qu'on éxamine la choſe on verra que la conſience, par raport à chaque homme,
eſt la voix & la loi de Dieu connuë
& acceptée pour telle par celui qui
a cette conſience, de ſorte que violer cette conſience eſt eſſentiellement croire que l'on viole la loi de
Dieu; or faire une choſe que l'on
croit être une deſobéïſſance à la loi
de Dieu eſt eſſentiellement ou un
acte de haine, ou un acte de mépris
de Dieu, & cét acte eſt eſſentiellement méchant de l'aveu de tout
le monde, donc c'eſt la même choſe, commander d'agir contre ſa conſience, & commander de haïr ou de
mépriſer Dieu, de ſorte que Dieu
ne pouvant pas conférer le pouvoir
d'ordonner que l'on le haïſſe, ou
mépriſe, il eſt évident qu'il ne peut
pas conférer l'autorité de comman-

F 7   der

der qu'on agisse contre sa conscience.

Par la même raison il est évident que jamais les hommes qui ont formé des sociétez, & qui ont consenti à déposer leur liberté entre les mains d'un souverain, n'ont prétendu lui donner droit sur leur conscience; ce seroit une contradiction dans les termes, car pendant qu'un homme ne sera pas fou à lier il ne consentira point qu'on lui puisse faire commandement de haïr son Dieu, & de mépriser ses loix clairement & nettement signifiées à la conscience, & intimement gravées dans le cœur, & il est certain que lors qu'une troupe de gens s'engagent pour eux & pour leur postérité à être d'une certaine Réligion, ce n'est qu'en supposant un peu trop légérement qu'eux & leur postérité auront toûjours la conscience telle qu'ils se la sentent alors, car s'ils faisoient réfléxion aux changemens
qui

qui arrivent dans le monde, & aux diferentes idées qui se succédent dans nôtre esprit, jamais ils ne feroient leur engagement que pour la consience en général, c'est-à-dire qu'ils diroient, nous promettons pour nous & pour nôtre postérité de ne nous départir jamais de la Réligion que nous croirons la meilleure, mais ils ne feroient pas tomber leur pacte sur tel ou tel article de foi, savent-ils si ce qui leur paroît vrai aujourd'hui le leur paroîtra d'ici à 30. ans, ou le paroîtra aux hommes d'un autre siécle? Ainsi ces engagemens sont nuls de toute nulité, & excédent le pouvoir de ceux qui les font, n'y aiant homme qui se puisse engager pour l'avenir, beaucoup moins engager les autres à croire ce qui ne leur paroîtra pas vrai. Puis donc que les Rois n'ont ni de Dieu, ni des hommes, le pouvoir de commander à leurs sujéts qu'ils agissent contre leur consience, ce, il est manifeste que tous les Edits qu'ils publient sur cela sont nuls de droit, & une pure usurpation, & qu'ainsi les peines qu'ils y oposent pour les contrevenans sont injustes.

Je tire de-là une nouvelle preuve démonstrative contre le sens literal de la parabole, car s'il étoit vrai il donneroit droit aux Princes de faire des loix qui engageassent leurs sujéts à professer une Réligion contre les lumiéres de la consience; ce qui seroit la même chose que donner aux Rois la faculté d'établir des loix pour la haine & pour le mépris de Dieu dans tous leurs Etats; ce qui étant de la plus-outrée impiété il s'ensuit que ces paroles *Contrain-les d'entrer* ne signifient pas ce que l'on prétend, puis que si elles le signifioient ce seroit sur tout aux Princes qu'elles seroient adressées, afin que d'abord ils fissent des loix sévéres contre les autres Réligions,

&

& qu'en fuite ils infligeaffent les peines portées par ces loix à quiconque les enfraindroit.

J'éxaminerai ailleurs l'illufion de ceux qui difent que les Princes ne prétendent pas faire des loix contre la confience, mais faire changer de confience aux gens par les ménaces & par les peines temporelles; mais je dirai par avance que s'ils peuvent faire cela ce n'eft nullement en vertu de la parabole, c'eft par des raifons de politique, lors qu'une fecte leur eft juftement odieufe par raport au bien public, & en ce cas-là s'ils croïent que fon peu d'atachement pour la patrie vienne de fa Réligion, & qu'ils voient que les moïens naturels & légitimes de la convertir qui font les conférences amiables, les livres, les inftructions familiéres, ne la convertiffent pas, ils peuvent, le jugeant néceffaire raifonnablement au répos de leur Eftat, leur ordonner d'aller démeurer ailleurs

&

& d'y transporter seurement leurs biens & leurs familles; mais de faire comme en France où on n'a voulu ni soufrir qu'on sortit du païs avec ses biens, ni sans ses biens, ni qu'on y démeurât sans éxercice public, priant Dieu à sa maniere dans sa chambre, mais où on a voulu nécessairement l'une ou l'autre de ces 2. choses, ou que l'on allât à la Messe, ou que l'on fût mangé jusqu'aux os par des soldats, & tourmenté à petit feu en mille maniéres, c'est ce qui ne se sauroit excuser, & qui rencherit sur les plus-injustes violences dont on ait mémoire.

Demandons un peu à ces gens qui nous vienent dire que puis que le Roi de France ne fait qu'infliger les peines dont il a menacé les infracteurs de ses Edits, on ne doit pas l'acuser d'injustice, mais se reconnoître coupable d'opiniâtreté, & de desobéïssance à son légitime Prince; demandons leur dis-je, si

ce

ce n'est pas établir que toutes peines sont justement infligées lorsque ceux qui les souffrent ont desobéi aux loix du Roi, car s'il n'y avoit que quelques peines qui fussent justes, leur réponse seroit illusoire, elle nous laisseroit l'embarras de discuter en particulier si les peines des Huguenots sont du nombre des peines justes, & ainsi ce ne seroit que rentrer dans la dispute du fond : il faut donc s'ils veulent répondre quelque chose qui vaille qu'ils se servent d'une proposition universelle ; mais en ce cas-là que deviendroit le suplice des enfans Hebreux qui furent jettez dans la fournaise de Babilone ? Ne faudroit-il pas dire qu'il fût juste, n'en avoient-ils pas été menacez par édit public s'ils ne se mettoient à genoux devant la statuë du Roi ? Demandons encore à ces Messieurs ce qu'ils penseroient si Louis le Grand ordonnoit par un Edit que
tous

tous ses sujéts s'agenoüillassent devant la statuë que le Duc de la Feuillade lui a fait dresser. Je n'éxamine point ici les conjectures de certains esprits oisifs qui disent que si les choses alloient du train qu'elles vont encore 15. ou 20. ans, il arriveroit de 3. choses l'une ou que la Cour de France ordonneroit un culte public à cette statuë, ou que si la Cour ne le faisoit pas, le peuple s'y porteroit de lui même, ou que si le peuple ne le faisoit pas, le Clergé commenceroit le branle par ses processions, & par ses Apostrophes de Chaire; il en sera tout ce qu'il plaira à Dieu, & je suis assez ocupé du présent pour ne songer pas à toutes ces spéculations creuses de l'avenir ;

Prudens [1] *futuri temporis exitum*
Caliginosa nocte premit Deus :
Ridetque si mortalis ultra
Eas trepidat : quod adest, memento

Com-

[1] *Horat. od. 29. l. 3.*

Componere æquus, cætera fluminis Ritu feruntur.

Mais je demande si cela arrivoit, je veux dire si le Roi ordonnoit qu'on invoquât sa statuë, qu'on l'encensât, qu'on se prosternât devant, à peine d'une amende arbitraire, ou de châtiment corporel, les Catoliques de France qui refuseroient de le faire (je ne doute pas qu'il ne s'en trouvât sur tout parmi les Laïques) ne seroient-ils pas mis à l'amande tres-injustement, & châtiez criminellement ? Ni Maimbourg, ni Varillas, ni Ferrand, n'oseroient dire aujourd'hui le contraire.

On parle de Basilide grand Duc de Moscovie qui faisoit des loix les plus-dures & qui y aposoit la peine de mort pour les contrevenans ; il commandoit à ses sujéts de traverser en hiver les rivieres à demi glacées, de s'ensevelir tous nuds dans la neige, de sauter dans les brasiers ardens, de lui porter à son lever quand

il

il geloit à pierres fendre un verre de leur sûeur, un milier de puces de conte fait, tant de grenouilles, & de rossignols. C'étoit la plus-énorme tirannie du monde; cependant à le bien prendre il ne commandoit pas des choses plus-impossibles que l'est à certaines gens de croire ceci ou cela en matiere de Réligion. Ils sûeroient plûtôt au milieu des neiges, ils tireroient plûtôt de leur chair & de leur os du vin & de l'huile, que de leur ame une telle ou une telle afirmation. J'avouë que la dificulté n'est pas à beaucoup prés si considérable pour la langue & pour la main, car on peut dire aisément de bouche & signer de sa main qu'on croit ceci ou cela, & faire toutes les postures du corps qu'un convertisseur exige, mais ce n'est point ce qu'un Roi qui conserve du moins les aparences de la Réligion doit exiger en 1. instance. Il ne doit point ordonner

que

que l'on parle ou que l'on signe qu'aprés que. l'ame a changé interieurement, c'est donc ce changement interieur, ces afirmations & ces negations de l'ame qu'un Roi qui fait des loix pour la conversion de ses sujéts, leur doit commander, or c'est ce que je dis aussi impossible & plus même que la sueur qu'éxigeoit le grand Duc de Moscovie, car pour peu qu'on sache que nous ne croions les choses que quand elles nous paroissent vraies, & qu'il ne dépend pas de nous qu'elles nous paroissent vraies, non plus qu'il ne dépend pas de nous qu'elles nous paroissent blanches ou noires, on verra qu'il est plus-facile de trouver des puces & de la sueur en hiver, que d'afirmer mentalement ceci ou cela quand on est stilé à voir d'abord les raisons qui nous portent à le nier, & qu'on est acoûtumé à prendre cette négative pour le service du vrai Dieu, & qu'on a l'esprit pré-

prévenu d'une fraieur réligieuse contre les raisons qui portent à afirmer. Je sai bien que l'esprit se laisse quelquefois corrompre par le cœur, & que dans les choses douteuses les passions & la cupidité peuvent faire afirmer à l'ame ce qui lui paroit encore confus, mais cela même seroit une horrible perversité de vouloir qu'un homme choisît une Réligion en séduisant lui même son esprit, & de plus cette séduction est peu possible à l'égard de certains dogmes qu'on est acoûtumé d'envisager comme absurdes & contradictoires, par éxemple qu'il faut manger son Dieu, que les rats le mangent quelquefois, qu'un corps d'homme est en mille lieux à la fois sans y remplir aucun espace. Bref comme il ne dépend pas de nos passions que la neige nous paroisse noire, mais qu'il faudroit pour cela ou qu'on la noircît, ou qu'on nous mît dans un certain poste & avec de certains

tains yeux qui causassent dans nôtre cerveau les mêmes modifications que les objéts noirs, il faut pour nous faire afirmer ce que nous nions, qu'on le rende vrai à nôtre égard, ce qui supose une certaine proportion entre les objéts & nos facultez laquelle n'est pas en nôtre puissance toûjours.

Aions des exemples moins odieux que celui de Nabuchodonozor, & de Basilide. Que diroit-on si Alphonse Roi de Castille avoit envoié des soldats par tous les bourgs, villes, & vilages de son Roïaume pour déclarer que sa volonté étoit que tout le monde fût de son opinion à l'égard du nombre des cieux, des Epicicles, des Cristalins, &c. & qu'à moins qu'on ne signât qu'on le croïoit, on se verroit acablé de gens de guerre ? Que diroit-on si le Pape [1] Adrien six qui aimoit extrémement le Merlus, & qui avoit

même

G

___
[1] *Jovius de piscib.*

même inspiré ce goût aux Courtisans, de sorte que ce poisson assez méchant d'ailleurs encherit sous ce Pontificat à la grande risée de toutes les poissonniéres, se fût avisé d'ordonner, non pas entant que Pape, mais comme souverain de l'Etat Eclésiastique, que desormais chacun eût à se conformer à son goût, à peine d'une grosse amande, de prison, ou de logement de soldats? Il n'y a point d'homme raisonnable qui ne trouvât cette conduite ridicule & tirannique. Cependant à tout bien prendre elle ne le seroit pas tant, que si l'on disoit dans un païs où il y a plusieurs Réligions, nous voulons & ordonnons que desormais chacun déclare qu'il a sur la Réligion les mêmes sentimens que la Cour, à peine pour ceux qui ne l'avoüeront pas, de la prison, ou de la confiscation de tous ses biens: je dis que cette conduite seroit pire que l'autre car il est plus-
difi-

dificile de croire à un Proteſtant que Jeſus-Chrit eſt préſent ſelon ſon humanité dans tous les lieux où l'on célébre la Meſſe, que de croire le Siſtéme d'Alphonſe, & il eſt plus-facile d'acoûtumer ſon palais à certaines viandes, que ſon eſprit à certaines opinions, & ſur tout lorsque l'on ſe trouve fortement perſuadé qu'elles expoſent à la danation éternelle. Tout honnête homme, bon Catolique Romain avoüera s'il s'éxamine qu'il auroit beaucoup plus de peine à s'acoûtumer aux méchans ragoûts des Tartares, ou à croire toutes les viſions d'Ariſtote, & de Deſcartes, qu'à croire qu'il eſt impie d'invoquer les ſaints, ce qu'on l'obligeroit de ſigner ici ſi l'on y traitoit les Papiſtes comme l'on a traité les Réformez en France. Arriere donc d'ici ces méchans ou ces ignorans Téologiens qui diſent que les Rois peuvent commander à leurs ſujéts d'avoir une telle ou une telle Réligion. Tout ce qu'ils peuvent, c'eſt de commander qu'on éxamine, qu'on étudie une Réligion, mais auſſi il eſt abſurde à un Roi de commander que ce qui lui paroît vrai le paroiſſe auſſi à ſes ſujéts, que de commander qu'ils aient le viſage fait comme lui, ou le même temperament que lui. Grotius a cité 2. beaux paſſages d'Origéne & de S. Chriſoſtome qui montrent que de toutes les coûtumes il n'y en a point de plus-dificiles à quitter que celles des dogmes de Réligion. *De jure belli & pac. l. 2. cap. 20. art. 50.* Il cite là même Galien diſant qu'il n'y a point de gale plus-malaïſée à guérir que les préjugez de ſecte.

CHAPITRE. VII.

Sixiéme Refutation du sens literal, par la raison qu'il ôte à la Réligion Chrétienne un fort argument dont elle se sert contre le Mahométisme.

CE Chapitre sera beaucoup plus court que les précedens, parce qu'il y a un Docteur de Sorbonne nommé Mr. Dirois qui a fait dépuis peu d'années un livre intitulé *preuves & préjugez pour la Réligion Chrétienne* où il montre amplement & par de bonnes raisons la fausseté des Réligions Idolâtres, & de la Mahométane en leur donnant entre-autres caracteres celui de persécuter, & d'éxiger des professions à vive force, à quoi il opose la maniére douce, pacifique, ensanglantée de persécution passive, & non d'active dont le Christianisme s'est établi. C'est par-là que nous dissipons la chicane que nous font les libertins

quand

quand nous leur proposons comme une preuve de la divinité de la Réligion Chrétienne les grands progrez qu'elle a faits au long & au large en peu de tems. Ils nous répondent que si cette preuve étoit bonne, la Réligion de Mahomet le seroit aussi, parce qu'en peu de tems elle s'est répanduë dans une infinité de païs; mais nous repliquons que cela n'est pas étonnant, parce que Mahomet & ses sectateurs se sont servis de la contrainte, au lieu que les Chrétiens n'ont oposé au paganisme que leur constance à soufrir. Il n'y a rien qui ne soit tres-raisonnable & tres-fort de la part des Chrétiens dans cette dispute, mais si une fois il étoit prouvé que Jesus-Christ a commandé la contrainte, il n'y auroit rien de plus pitoïable que cette ataque que nouz ferions aux Mahometans, d'où j'argumente ainsi.

Un sens literal qui ôte à la Réligion

gion Chrétienne une forte preuve contre les fausses Réligions, est faux,

Or tel est le sens literal de ces paroles *Contrain-les d'entrer*,

Donc il est faux.

Que pourrez vous dire contre les violences des Païens, & des Sarrazins ? Leur irez vous faire honte comme fait Mr. Dirois de ce *qu'une adoration forcée, une hipocrisie évidente, un culte notoirement contre la consience, pour obéïr aux hommes, passent parmi-eux pour des actes de piété & de Réligion ?* Leur direz vous *que leurs Dieux & leurs adorateurs ne demandent qu'autant de Réligion qu'il en faut pour détruire la véritable, puis qu'ils sont aussi satisfaits d'une adoration forcée que d'une sincére ?* Mais ne voiez-vous pas qu'on se moquera de vous, & qu'on vous renverra en France chercher la réponse à vos questions ? Ne voiez-vous pas qu'on vous répondra qu'ils n'ont fait que ce que Jesus-Chrit a commandé si expressément, & au lieu de vous laisser prétendre que ses premiers Diciples sont plus à loüer que ceux de Mahomet, qu'on répondra au contraire que ceux-ci ont beaucoup mieux fait leur devoir, n'aiant point perdu de tems à se servir d'une voie commandée de Dieu, courte, & éficace. On vous dira que les Chrétiens des 3. premiers siécles ont été ou des contempteurs punissables des ordres de Jesus-Chrit, ou des lâches & des poltrons qui n'ont osé faire ce qui leur étoit commandé, ou des gens semples & bêtes qui ne connoissoient pas la centiéme partie de leurs droits, au lieu que les Mahométans y ont été d'abord tres-instruits, & les ont fait valoir en braves gens, fort zélez pour obéir à une loi qui ne peut-être que juste puis que nous sommes contraints d'avoüer qu'elle est émanée de Jesus-Chrit. Et pour ce qui est de

leurs

leurs grands progrez, si d'un côté nous en diminuons le mérite à cause des forces qu'ils ont euës en main, ils le reléveront de l'autre en disant que Dieu a béni visiblement le zéle & le courage avec lequel ils ont établi sans perdre tems la divine Réligion de son Prophéte par les voies que nous avoüons nous-mêmes être tres-saintes & commandées expressément de Dieu.

Chapitre. VIII.
Septiéme Refutation du sens literal, par la raison qu'il a été inconnu aux Péres pendant une longue suite d'années.

CEtte preuve seroit forte contre ceux de l'Eglise Romaine, si c'étoient des gens qui eussent des pricipes fixes, mais ce sont des Protées qui s'échapent par mille tours de souplesse, & sous toute sorte de Métamorphoses, quand on croit les tenir. Ils disent en toute autre ren-

G 5　　con-

contre que lors qu'on est en dispute sur le sens de quelque passage, il faut consulter la tradition, & s'en tenir à l'explication des Péres, de sorte que quelque raisonnable que soit une explication de l'Ecriture, si elle est nouvelle, ils disent qu'elle ne vaut rien, qu'elle vient trop tard, & qu'il y a prescription contre. A bien raisonner sur ce fondement, il auroit falu rejetter dans le siécle de Théodose & de S. Augustin toutes les preuves qu'on tiroit de l'Evangile en faveur des violences, puis que c'étoit lui donner un sens tout à fait nouveau, qui venoit trop tard, & contre lequel il y avoit prescription. Mais nos Adversaires ne font pas pour s'étonner de si peu de chose, ils diront que la véritable autorité des Péres n'est pas lors qu'ils sont partagez sur quelque doctrine, mais lors qu'ils s'acordent unanimement, & qu'ainsi les grandes lumiéres du 4. siécle

cle n'aiant pas consenti aux sentimens précédens quant à la persécution, les plus-anciens Péres ne font pas un bon préjugé pour l'opinion que je soutiens. Quand on les presse en leur disant qu'il n'y a rien en quoi tous les Péres s'acordent, ils ont d'autres tours d'anguille pour s'échaper, & n'ont nulle honte de soutenir le sens literal, quoi que de leur propre aveu, le consentement unanime des Péres, marque nécessaire de vérité ne lui convienne pas. Cela ne m'empêche point de raisonner en cette maniere.

Il n'y a pas aparence que si Jesus-Chrit avoit ordonné de faire des Chrétiens par force, les Péres des 3. premiers siécles eussent raisonné comme tres-persuadez que la contrainte est une chose tres-oposée à la Réligion, car en fait de Morale Evangélique, de préceptes, ou de conseils (si l'on veut) de Jesus-Chrit

G 6 il n'y

il n'y a point de gens qui aient été mieux éclairez qu'eux sur le sens de l'Ecriture, & si Dieu leur avoit caché le sens d'un précepte aussi important jusques au point qu'ils eussent raisonné comme croiant qu'un tel précepte seroit impie, il n'y a personne qui ne dût être choqué & scandalisé de cela. Je dis donc encore un coup qu'il est contre toutes les aparences de la vérité & de la raison que Jesus-Chrit ait commandé de forcer les Juifs & les Infidéles à se faire batiser, & que cependant les Apôtres ou n'aient pas compris cela, ou que l'aiant compris, ils n'aient pas averti leurs principaux Diciples, d'être reservez à condanner les violences, depeur qu'en les condannant en général, ils ne prononçassent une hérésie, & ne donnassent un cruël démenti à Jésus-Chrit, & ne fournissent même des armes pour un jour avenir à ceux que les Chrétiens violenteroient,

roient, & qui pourroient s'écrier à l'énorme contradiction qu'ils verroient entre le 1. Christianisme & le suivant. C'étoit le moins qu'on devoit atendre des Apôtres & de leurs prémiers Diciples, les plusseurs Dépositaires de la Tradition : s'il n'étoit pas à propos & de la prudence d'éxécuter l'ordre de Jesus-Chrit en contraignant d'entrer au commencement, du moins faloit-il avertir qu'un jour viendroit, où cela se pourroit pratiquer fort-saintement, & qu'ainsi on eût à se ménager dans cette matiere, & à ne pas traiter généralement cette conduite de marque de fausseté. Cependant c'est ce qu'ont fait les Péres & de la maniere la plus-forte, même dans le 4. siécle lors que les Arriens se mirent à persécuter. *Cela seul*, dit S. Athanase, *est une preuve manifeste qu'ils n'ont ni piété ni crainte de Dieu.* [1] *C'est le propre de la piété* (dit-il)

[1] *Epist. ad solit.*

non de contraindre mais de persuader à l'imitation du Seigneur QUI NE CONTRAIGNANT PERSONNE *laissoit à la volonté d'un chacun de le suivre: pour le Diable comme il n'a rien de véritable il vient avec des haches & des coignées rompre les portes de ceux qui le reçoivent, mais nôtre Sauveur est si débonnaire qu'il enseigne bien à la verité en disant,* si quelcun veut venir aprés moi, & celui qui voudra être mon Diciple, *mais ne* CONTRAINT *aucun en venant vers nous, heurtant plûtôt & disant,* ma sœur, mon épouse ouvre moi, *& entre quand on lui ouvre & se retire quand on tarde & que l'on ne lui veut ouvrir, parce que ce n'est pas* (Remarquez bien ces paroles Messieurs du conseil de consience de Louis XIV Roi tres-Chrétien de France & de Navarre) AVEC LES EPEES, ET LES DARDS, NI AVEC SOLDATS ET MAIN ARMEE QUE S'ANNONCE LA VERITE MAIS PAR PERSUASION ET CONSEIL. N'est-ce pas une preuve ve évidente que les Apôtres n'avoient rien dit de ce prétendu miſtére de perſécution contenu dans la parabole, & que Jeſus-Chrit a ſouhaité non ſeulement qu'il demeurât inconnu aux prémiers ſiécles du Chriſtianiſme, mais auſſi qu'il a trouvé bon qu'il y fût condanné & flétri d'ignominie comme une impiété cruëlle & d'abolique, ce qui paroîtroit abſurde ſi l'on ſupoſoit qu'il eût éfectivement commandé les perſécutions, car comment comprendre qu'il ait ſoufert qu'un point de Morale de cette conſéquence ait été foudroié & anatématiſé par la plus-ſainte & la plus-pure partie du Chriſtianiſme pendant tres-long-tems, & qu'on ſe ſoit ſervi de ces anatémes pour refuter les ennemis de la vérité, en ſoutenant que Jeſus-Chrit avoit enſeigné à ſes Diciples de ne contraindre perſonne. Non ſeulement on a dit cela avant que les Empereurs Chré-

Chrétiens se fussent servis de la violence, mais aussi long-tems aprés. Nôtre [1] Vénérable Bede en parlant du Roi Ethelrede sous lequel le Pape S. Grégoire envoia le moine Augustin & quelques autres pour convertir nôtre Ile, dit expressément que ce Roi s'étant converti à la foi Chrétienne, *ne contraignit aucun de ses sujets à l'imiter, se contentant de témoigner plus d'amitié à ceux qui se faisoient Chrétiens, car-il avoit apris*, dit-il, *de ses Docteurs & des Auteurs de son salut que le service de Jesus-Christ doit-être volontaire & non contraint.* Cette notion, savoir que Jesus-Chrit n'a ordonné que la persuasion, l'instruction, le service volontaire, & nullement la violence, est si fortement gravée dans nos esprits, qu'on la débite comme indubitable dés qu'on ne songe

---

[1] Ut nullum tamen cogeret ad Christianismum, sed tantummodo credentes arctiori dilectione quasi concives Regni cœlestis amplecteretur, didicerat enim & à Doctoribus auctoribusque suæ salutis servitium Christi voluntarium non coactitium debere esse. *Beda l. 1. c. 26.*

songe plus-actuellement à flater ou à ne pas irriter les Princes qui persécutent, ou qu'on ne prend pas pour sujet d'un livre de justifier les persécutions. Tous les jours on imprime en France des livres où cette notion se trouve exprimée, ce qui fait un ridicule prodigieux pour les Ecrivains Papistes de cette nation, car quelquefois dans les mêmes livres où ils disent qu'il est licite de contraindre, aiant actuellement en vuë les dragonneries qui ont ravagé les Protestans, il leur échape de dire que l'Evangile n'est qu'une loi de douceur, & qui ne demande que des ofrandes volontaires; c'est qu'ils perdent de vuë pour ce moment leur fin principale d'éxcuser & de flater, & qu'alors les notions du cœur & de l'esprit se produisent d'elles mêmes. Joint qu'ils nïent que leur Roi se soit servi de violence, en quoi ils semblent convenir de la fausseté du sens literal.

Je

Je ne raporte pas les paſſages des Péres qui condannent en général les perſécutions & les violences que l'on éxerce en matiere de foi : ils ſont connus de tout le monde. Grotius [1] en a cité quelques-uns, & les François mêmes gagez pour faire les Apologies des perſécuteurs ne diſſimulent pas ces autoritez des Péres, comme on l'a pû voir dans le livre d'un Avocat nommé Ferrand.

CHAPITRE IX.

Huitiéme Réfutation du ſens literal, par la raiſon qu'il rend vaines les plaintes des prémiers Chrétiens contre les perſécutions païennes.

LA preuve contenuë dans le Chapitre précédent ne me ſemble pas à beaucoup prés auſſi forte que quelques-unes des autres, quoi que priſe *ad hominem* elle puiſſe jetter dans quelque embarras ceux qui ne

---

[1] Ubi ſupra.

ne nous parlent que de tradition, & de voie de prescription. Quoi qu'il en soit elle a beaucoup de connexité avec celle-ci, & c'est pour cela que je serai moins long dans ce chapitre sur le principal de cette preuve que sur ses accessoires. Voici mon coup

Un sens literal qui rend vaines les plaintes des premiers Chrétiens contre leurs persécuteurs est faux

Or tel est le sens literal de ces paroles, *Contrain-les d'entrer*

Donc il est faux

Je prouve la *Mineure* en cette maniere. Je supose que les Chrétiens aient envoié des Députez à la Cour présenter leurs Apologies, & se plaindre de ce qu'on les exiloit, emprisonnoit, livroit aux bêtes, suplicioit. Je supose que le sens literal en question fût connu aux Chrétiens & aux Païens, aiant été lû des uns & des autres dans l'Evangile de S. Luc, dont les Païens avoient con-

connoissance s'ils vouloient. Je supose encore qu'un Commissaire de l'Empereur soit entré en conférence avec ces Députez Chrétiens & qu'aiant sçû le sujet de leurs plaintes, il leur ait dit, *Messieurs dequoi vous plaignez-vous : on vous traite comme vous nous traiteries si vous étiez à nôtre place: ainsi vous devez aprouver nôtre prudence, & vous plaindre du tems & non pas de nous. Le tems ne vous est pas favorable, nous sommes les plus-forts : la prudence veut que nous ne manquions pas aux ocasions que la fortune nous donne de fouler aux piez une secte qui en veut non seulement à nos temples & à nos dieux, mais aussi à nos vies, & à nos consiences. Vôtre Dieu vous a commandé expressément de contraindre à le suivre tout venant ; que feriez-vous donc si vous aviez la force en main que faire mourir tous ceux qui ne pourroient pas se resoudre à trahir les lumiéres de leur consience pour adorer vôtre Dieu crucifié ?* Il faudroit répondre à cela si l'on étoit tant soit peu sincére, & selon les senti-

sentimens que je refute. *Il est vrai, Monseigneur, que si nous étions les plus-forts nous ne laisserions personne au monde qui ne se fit batiser ; mais en cela paroîtroit nôtre charité pour le prochain ; nous voions qu'on se danne éternellement si l'on ne suit nôtre Réligion, nous serions donc bien cruëls de n'emploier pas la contrainte. Mais nous ne ferions pas cela cruëllement comme font les Païens envers nous ; nous ferions perdre des procés, à ceux qui ne voudroient pas se convertir, nous leur ferions des chicanes, nous les empêcherions d'avoir des assemblées de Réligion, & si cela ne leur rendoit pas la vie assez triste, nous envoierions des soldats chez eux qui les ruïneroient, qui les batroient ; nous les empêcherions de s'enfuïr. si nous les atrapions fuïans nous les enverrions aux Galéres, nous mettrions les femmes & les enfans en sequestre, en un mot il ne leur resteroit que l'un de ces 2. partis à prendre, ou de traîner leur vie dans la misère d'un cachot, ou de se faire batiser : mais pour les tüer, ja à Dieu ne plaise ; peut-être que quelquefois les soldats outre-*

pas-

paſſant l'ordre leur donneroient tant de coups qu'ils en mourroient, mais cela ſeroit rare, & peu aprouvé. On voit que bien loin d'empoiſonner la réponſe je la reduis aux termes les plus-honnêtes & les plus-modérez que nos Adverſaires puiſſent ſouhaiter, puis que je la dreſſe ſur le plan de la perſécution de France, le modéle ſelon eux le plus-régulier & le plus-Chrétien qui s'étoit vû encore de la contrainte Evangélique. Il ne tiendroit qu'à moi de régler cette réponſe ſur l'Inquiſition, ſur les Croiſades de S. Dominique, ſur les Buchers de la Reine Marie, ſur les Maſſacres de Cabrieres & de Merindol, & des Valées de Piémont, ſur les ſuplices de François I. & de Henri II, & ſur la S. Bartelemi, mais j'adoucis les choſes autant qu'il m'eſt poſſible. Voions ce que repliqueroit le Miniſtre de l'Empereur Païen.

 Sans mentir Meſſieurs, (diroit-il ſans doute) vous étes d'admirables gens;

gens; vous contez pour une grande charité de ne faire pas mourir tout d'un coup, mais de rendre un homme misérable pour fort-long-tems soit qu'il se resolve à pourrir dans un cachot, soit qu'il ait la foiblesse de faire semblant de croire ce que sa conscience lui montre comme une impiété détestable. Allez Allez Messieurs, outre que cette prétenduë charité ne vous empêcheroit pas de faire comme nous faisons, c'est-à-dire d'inventer de cruëls suplices lors que vous jugeriez que le tems & les lieux le demanderoient (car vôtre Maître ne vous commande qu'en général de contraindre, & c'est à vous à choisir la maniere de contrainte que vous croiez la meilleure, celle des chicanes, & des logemens de soldats quand vous la croiez plus-propre que les Massacres & que les inventions les plus-exquises des Bourreaux & ceci quand vous le croiez plus-utile que
les

les amandes, les chicanes & l'infolence de la soldatesque) Outre cela dis-je, je vous trouve droles de vous glorifier d'une rusée Politique qui est la vraie cause pourquoi vous n'en voulez pas au sang de vos sujéts ; c'est que vous étes bien aises de n'en diminuer pas le nombre afin d'être toûjours puissans temporellement, & de vous vanter d'avoir plus fait sans suplices que les autres par les suplices. Prenez le comme il vous plaira ; nous ne seront pas assez sots si nous pouvons l'empêcher pour vous laisser venir à l'état où vous feriez tant de desordres ; résolvez-vous donc à soufrir ; L'Empereur mon Maître doit ce sacrifice au repos public de son siécle & de toute la posterité, dont vous seriez le fleau.

La vraisemblance ne soufre pas que je fasse encore parler ces Députez, car après la réponse que je leur ai fait faire, il n'y a pas aparence qu'on
les

les eût laissez long-tems en liberté, néanmoins pour mieux donner à entendre à mon Lecteur ce que je veux lui prouver, je supose encore cette duplique aux Députez.

Monseigneur pardonnez-nous s'il vous plaît, si nous vous disons que nôtre sainte doctrine vous a été déguisée par nos ennemis; ce n'est que par accident & avec le plus-grand déplaisir du monde que nous en viendrions à la violence. Nous tâcherions d'abord par nos instructions de persuader nos véritez, nous nous servirions des voies les plus-douces & les plus-caressantes, mais si nous avions le malheur de rencontrer des esprits malicieux & obstinez qui se roidissent contre les lumiéres de la vérité que nous ferions briller à leur esprit, alors malgré nous, mais par une charitable *mordacité*, nous leur ferions faire par force ce qu'ils n'auroient pas fait volontairement, & nous aurions même

même la charité de n'éxiger pas d'eux qu'ils avoüaffent qu'ils fignent par force; ce feroit un monument de honte pour eux & pour leurs enfans & pour nous auffi, nous les obligerions de figner qu'ils font tout cela volontairement. Au refte, Monfeigneur, il ne s'enfuit pas de ce que nous avons le droit de contraindre que vous l'aiez auffi : nous parlons pour la vérité & à caufe de cela il nous eft permis de faire violence aux gens, mais les fauffes Réligions ne poffedent pas ce privilege : ce qu'elles font eft une crüauté barbare, ce que nous faifons eft tout divin, & une fainte charité.

Si j'ai choqué la vrai-femblance en fupofant que ces Députez auroient été admis à la duplique, je la choquerois beaucoup plus fi je fupofois que le Miniftre de l'Empereur tripliqueroit à cela autrement que par cent coups d'étriviere qu'il feroit donner par fes Eftafiers aux Députez,

putez, sans préjudice de l'Amphitéâtre où il les enverroit perir au premier jour. Néanmoins suposons qu'il seroit assez flegmatique pour ne se mettre pas en colére d'oüir tant d'absurditez ; suposons le dis-je, pour mieux conduire le Lecteur où nous le voulons faire aler. Il n'y a point de doute qu'il leur diroit en ce cas-là.

Mes bonnes gens vos maximes n'ont que ce defaut qu'elles sont mal apliquées ; il n'y a que la Réligion de mon Maître qui puisse parler ainsi parce qu'elle est la véritable : Je vous promets de sa part qu'il ne maltraitera que les opiniâtres d'entre vous ; faitez-vous instruire & convertissez-vous ; vous éprouverez les éfets de sa clémence ; mais autrement vôtre opiniâtreté armera justement son bras & avec justice, au lieu que si vous usiez de violence contre la Réligion établie depuis si long-tems vous

tom-

tomberiez dans une injustice éfroiable.

Un homme ennemi de toute persécution & qui auroit quelque habitude avec l'esprit de raisonnement, pourroit ajoûter ce qui suit en s'adressant à ces Députez.

Au reste ce que vous dites me paroît rare, que ce n'est que par accident que vous feriez de la peine, car puis que vôtre Maître vous ordonne de contraindre les gens de vive force à entrer dans son parti, il faut que vôtre but soit non seulement de faire Chrétiens ceux que vous avez persuadez mais aussi ceux qui demeureront convaincus que vôtre Réligion est fausse, mais si vôtre fin directe se porte à ceux là, il faut qu'elle enferme naturellement & directement les moiens qui vous y conduisent, savoir la force & la violence, & ainsi ce n'est plus par accident que vous véxez le monde, mais par une suite tres-nécessai-
re &

re & tres-naturelle de vôtre projet.

On peut chicaner peut-être sur cette raison, mais au fond je la crois solide & j'en tire cette nouvelle preuve contre le sens literal de la parabole.

Si quelque chose pouvoit excuser les violences enfermées dans l'ordre de faire Chrétiens tous les hommes ce seroit de dire qu'elles n'y sont enfermées que par accident.

Or il est faux qu'elles n'y seroient enfermées que par accident.

Donc rien ne les peut excuser

La *Majeure* n'est pas assez évidente pour des esprits que les passions & une malheureuse éducation dans des principes de Réligion, qui ne sont à proprement parler que la nature corrompuë adroitement cachée sous la profession de servir Dieu, ont misérablement gâtez & couverts d'épaisses ténébres ; tâchons donc de l'éclaircir.

Je dis que des persécutions enfermées directement & absolument dans le dessein de convertir les infidéles seroient tout à fait inexcusables, & je le prouve parce que l'ordre que Dieu a établi entre les opérations des esprits, est qu'ils connoissent avant que d'aimer, & que les lumiéres de l'entendement précédent les actes de la volonté. Cét ordre paroît être une loi nécessaire & immüable, car nous ne connoissons pas plus-clairement que 2. & 2. font 4. que nous connoissons que pour agir raisonnablement il faut douter d'une chose qui paroît douteuse, nïer une chose qui paroît évidenment fausse, afirmer celles qui paroissent évidenment vraies, aimer celles qui paroissent bonnes, haïr celles qui paroissent mauvaises. Cela est tellement dans l'ordre que nous convenons tous qu'un homme agit témérairement & commet même un crime lors qu'il jure qu'une telle

telle chose s'est faite, qui s'est faite réellement, mais qu'il croit qui ne s'est point faite, & nous ne doutons pas que ce ne fût un tres-grand desordre d'aimer la vertu si on étoit persuadé qu'elle fût mauvaise & défenduë par une autorité légitime. Cela étant un homme ne peut-être dans l'ordre lors qu'il embrasse l'Evangile s'il n'est préalablement convaincu de sa vérité, ainsi tout dessein & tout projet de faire embrasser l'Evangile à un homme qui n'est pas persuadé de sa vérité sort des régles & de la route de l'ordre éternel & nécessaire qui fait toute la droiture & toute la justice d'une action. Or tout dessein qui enfermeroit directement & de plein vol les violences à éxercer sur ceux qui ne voudroient pas se convertir à l'Evangile de bon gré, tendroit directement & de plein vol à faire embrasser l'Evangile à ceux même qui ne le croient pas véritable, donc un tel

tel dessein sortiroit des régles & de la route de l'ordre, & seroit par conséquent vicieux. Il est clair qu'on ne peut pas avoir intention directement de violenter un homme sans avoir un dessein direct de lui faire faire une chose lors même qu'il y aura de la répugnance ; il est donc clair comme je l'ai dit que tout homme qui destineroit les violences aux signatures du simbole des Apôtres comme un moien direct de parvenir à ses fins, auroit dessein directement de faire signer ce simbole à ceux même qui le croiroient faux. Puis donc que ce dessein seroit évidemment contre l'ordre, il faut que jamais les violences directement enfermées dans le dessein de convertir ne soient légitimes, d'où il s'enfuit que le seul moien de les excuser, est de dire qu'elles n'entrent qu'indirectement dans le projet des conversions. Voila donc la *Majeure* clairement
prou-

prouvée ce me semble. Venons à la *Mineure.*

Je demande à mes adversaires si le dessein de faire un voiage enferme par soi ou par accident un vaisseau. Ils me répondront sans doute & ils auront raison que c'est une chose purement accidentelle à un voiage qu'un vaisseau. Mais si au lieu de me tenir à la notion vague de voiage, je décens à ce cas particulier qu'un homme ait dessein de faire un voiage de France en Angleterre, ne sera-t-il pas vrai alors par raport à ce dessein qu'un vaisseau n'est plus une chose accidentelle, mais un moien naturellement nécessaire ? Apliquons ceci au dessein de *Christianiser* le genre humain.

Ou vous avez ce dessein en général, ou vous vous proposez en particulier certains moiens. Si vous n'avez que ce dessein en général, toutes voies particulieres vous seront accidentelles ; mais si vous décendez au dessein particulier d'obtenir de gré ou de force que tout le monde reçoive le batême, il est clair que vous enfermez proprement & directement la violence dans vôtre dessein, puis qu'au cas que vous trouviez de la résistance, vous étes résolu de la vaincre par la force. Je veux que la violence ne soit là que conditionnellement, c'est à dire que vous souhaitiez de venir à bout de vôtre dessein de gré à gré, tant y a que si ce souhait n'a point de lieu vous avez dessein d'en venir aux violences. Je conclus manifestement de là que ces violences n'entrent pas dans vôtre dessein par accident, mais par vôtre propre choix, & par une destination qu'on apelleroit dans l'école *secundariam*. Car comme ceux qui craignent la mer seroient bien aises de ne se servir jamais de vaisseau dans leurs voiages, mais néanmoins s'ils se résolvent de passer de France en Anglegleterre ils veulent directement & proprement se servir d'un vaisseau, ainsi tout homme qui seroit bien aise de convertir les gens par la seule Prédication, souhaiteroit de n'employer pas la violence, mais s'il se résolvoit à convertir les humains lors même que la Prédication n'y sufiroit pas, & que la violence seroit nécessaire, il voudroit proprement & directement la persécution. En un mot lors qu'il ne tient qu'à nous de poursuivre ou de laisser un certain dessein le cas avenant que nous rencontrions certains obstacles, il est clair que si nous le poursuivons en ce cas-là, nous témoignons que nous avons voulu tres-proprement cette poursuite, & que les moiens indispensablement nécessaires à cela sont voulus, & consentis par nous tres-proprement. Ils ne sont donc pas là par accident, au sens que ce mot se prend lors qu'il peut excuser les suites d'une afaire, ou les fautes d'une personne.

Il n'eſt néceſſaire ni de prouver que Jeſus-Chrit ſeroit dans le cas puis qu'il ne tiendroit qu'à lui de ne forcer perſonne, ni de prouver par cent raiſons & par cent éxemples que tout homme qui voudroit aller à ſon but par un certain moien préférablement à tous les autres, mais qui eſt fermement réſolu d'y aller par un autre moien s'il ſe voit exclus de celui là, veut tres-proprement & par ſa faute (s'il agit librement & que faute y ait) cét autre moien, d'où il s'enſuit que les violences ſeroient dans le deſſein de la converſion des hommes à l'Evangile proprement & par la deſtination de Jeſus-Chrit, en ſorte qu'il formeroit ainſi ſon projet, *je veux que les hommes ſoient perſuadez de la vérité de l'Evangile & en faſſent profeſſion, mais ſi je ne puis pas les perſuader, je ne laiſſe pas d'entendre qu'ils le profeſſent.* Or je dis & je ſoutiens que ce deſſein choqueroit les loix éternelles de l'ordre qui eſt la loi

loi indispensable de Dieu lui-même, & par conséquent qu'il est impossible que Jesus-Chrit l'ait formé. Toutes les chicanes imaginables sur la phrase *être par accident*, n'empêcheront pas que la *mineure* de mon dernier sillogisme ne soit démontrée autant que ces matieres le soufrent. Quoi qu'il en soit ce que je prétens dans ce chapitre me paroît clairement prouvé, savoir que des Chrétiens qui auroient dû convenir qu'à la place des païens ils auroient fait à peu prés les mêmes persécutions, n'étoient capables que de leur présenter des Requêtes ridicules.

CHAPITRE. X.

Neuviéme & derniere Refutation du sens literal, par la raison qu'il exposeroit les vrais Chrétiens à une opression continuelle sans qu'on peut rien alleguer pour en arrêter le cours que le fond même des dogmes contestez entre les persécutez & les persécuteurs, ce qui n'est qu'une chetive

tive petition de principe *qui n'empêcheroit pas que le monde ne devint un Coupe gorge.*

ON a déja vû en deux endroits, savoir dans le Chapitre précédent & dans le 5. le préjudice que feroit à la véritable Réligion l'ordre d'user de contrainte sur ceux qui ne voudroient pas se convertir, & il est certain que cela seul consideré en gros & en général forme un préjugé fort-plausible de fausseté, car quelle aparence que Dieu ait voulu ordonner à son Eglise une conduite qui la rend ridicule lors qu'elle se plaint de l'opression qu'elle soufre, & qui donne un prétexte raisonnable de la chasser. Si S. Augustin se fût bien souvenu d'une excélente maxime qu'il a débitée dans son Traité *de genesi ad literam*, il ne se fût pas embarassé comme il a fait à soutenir la cause des persécuteurs, car il dit dans cette maxime qu'il est

est honteux, pernicieux, & extrémement à fuïr qu'un Chrétien se méle de parler des choses selon ses principes en présence des infidéles avec tant d'impertinence, que les Païens ne se puissent tenir de rire. Comment n'a-t-il pas vû qu'il s'exposoit à la risée des Païens lors qu'il soutenoit que Dieu autorise dans sa parole les persécutions de Réligion; en éfet il n'y a rien de plus-insensé que de blâmer en autrui les mêmes actions que l'on canonise lors que l'on les fait soi-même, & rien n'est plus-absurde que de trouver mauvais, qu'un Prince qui croit que la Réligion paienne est véritable & que Dieu lui commande de maintenir le repos public ne tolére point une secte qui ravageroit le monde par ses violences si elle avoit assez de forces. Mais ce qui n'est qu'un préjugé lors qu'on le regarde en gros, devient une preuve solide lors qu'on prend la peine de le déveloper

per un peu éxactement. C'eſt ce que nous avons tâché de faire dans les 2. Chapitres aléguez, & que nous ferons encore dans celui ci le moins mal que nous pourrons. Voici nôtre derniere preuve

Un ſens literal qui jetteroit toutes les parties du Chriſtianiſme dans une guerre continuelle, ſans fournir autre reméde à ce grand mal que ce qui en ſera prononcé à la fin du monde, ne peut pas être véritable.

Or tel eſt le ſens literal de ces paroles, *Contrain-les d'entrer*

Donc il n'eſt pas véritable.

La 1. propoſition me ſemble aſſez claire d'elle même, car encore que Dieu n'ait pas parlé dans ſon Ecriture d'une maniere qui ait été parfaitement propre à empêcher les diviſions des Chrétiens, il faut pourtant croire que ſi d'un côté il a permis que ſon Egliſe ſe partageât, il n'a point pû vouloir de l'autre qu'elle fût ſans aucune régle ni ſans

aucuns

aucuns principes communs qui continssent les parties desünies dans leur devoir, & qui montrassent qu'il ne se faut pas déchirer comme des bêtes. Les obscuritez de l'Ecriture ne tombent gueres que sur les dogmes de spéculation : ceux de Morale aiant été plus nécessaires pour la conservation des sociétez, & pour empêcher que le vice n'éteignît entierement ce qui reste de vertu, sont demeurez plus-intelligibles à tout le monde. Mais qu'ils soient assez clairs ou non pour empêcher qu'on ne les détourne à de faux sens, & à des abus, au moins est-il certain que l'intention du S. Esprit a dû être sainte, juste & innocente, & fort-éloignée de servir d'excuse tres-plausible aux desordres de l'Univers. Or c'est ce qu'on ne pourroit pas dire s'il étoit vrai que Jesus-Chrit eût donné ordre à ses Sectateurs de persécuter.

Je passerai sous silence les desordres

dres qui arriveroïent dans le monde par l'avantage que les Infidéles prendroient fur les Chrétiens en voiant que ceux-ci autorifent les violences : je ne dirai pas qu'ils fe ferviroient de toutes les raifons des Chrétiens pour tourmenter tous ceux qui n'auroient pas les mêmes fentimens qu'eux ; je ne regarderai point cela ; je ne confidérerai que ce qui fe pafferoit de fecte à fecte du Chriftianifme. Il eft certain que fi Jefus-Chrit a entendu le fens de perfécution & de contrainte de figner un Formulaire lors qu'il a dit *Contrain-les d'entrer*, la partie ortodoxe du Chriftianifme peut violenter autant qu'elle le juge convenable la partie qui erre ; cela eft fans dificulté. Mais comme chaque partie fe croit ortodoxe il eft clair que fi Jefus-Chrit avoit commandé la perfécution, chaque fecte fe croiroit obligée de lui obéïr en perfécutant à outrance toutes les autres jufques à ce qu'elqu'elle les eût contraintes à se conformer à sa profession de foi : ainsi l'on verroit une guerre continuelle soit dans les ruës des villes, soit dans les campagnes, soit entre les nations de diferent sentiment, & le Christianisme ne seroit qu'un Enfer perpetuel pour ceux qui aiment le repos, & pour ceux qui se trouveroient le parti foible. Mais ce qu'il y a de ridicule là dedans c'est qu'on ne sauroit sur quoi fonder les reproches que l'on feroit au parti victorieux & persécutant, car si un lui disoit, *il est bien vrai que Jesus-Christ a ordonné à ses Diciples de persécuter, mais cela ne vous regarde pas vous qui étes héretiques, il n'y a que nous qui sommes la vraie Eglise qui puissions éxécuter ce commandement*, il répondroit. qu'il demeure d'acord du principe mais non pas de l'aplication, & que c'est lui qui a seul le droit de contraindre puis qu'il a la vérité de son côté. On voit clairement par là que l'on ne pour-

pourroit blâmer ni l'insolence qui seroit permise aux Dragons, ni les emprisonnemens, ni les amandes, ni les enlévemens d'enfans, ni aucune autre violence, parce qu'au lieu de discuter ces faits, & de les éxaminer à quelque régle commune de Morale, il faudroit traiter du fond des Controverses, éxaminer qui a tort ou qui a raison dans sa profession de foi ; cette afaire est de longue haleine comme chacun sait ; on n'en voit jamais la fin, de sorte, que comme en atendant le jugement définitif du procez, on ne pourroit rien prononcer sur les violences, elles demeureroient en séquestre pour le moins, & ce seroit toûjours de l'avantage pour le parti victorieux : le parti soufrant ne feroit que se morfondre à traiter, une par une ses Controverses, & ne pourroit jamais avoir le plaisir de dire, *on me traite injustement*, si ce n'est en suposant son principe, & en disant je suis la vraie Eglise.

Eglife. Mais diroient les autres sur l'heure, *vous n'étes pas la vraie Eglife donc on vous traite juftement. Vous n'avez pas encore prouvé vôtre prétention, en vous la nië, atendez donc à vous plaindre que le procés foit vuidé.*

Je ne conçois point d'état plus-trifte & tout enfemble plus-digne de la moquerie de tous les profanes, de tous les libertins, & même de tous les hommes que celui-là, c'eft quelque chofe de beau & de fort-glorieux au nom Chrétien que de comparer les plaintes qui ont été faites contre les perfécutions Païennes & Arriennes, avec les Apologies de la perfécution qu'on faifoit foufrir aux Donatiftes. Quand on a bien éxaminé tout cela, on reduit néceffairement à ce beau principe; *j'ai la vérité de mon côté, donc mes violences font de bonnes œuvres: un tel erre donc fes violences font criminelles.* Dequoi fervent je vous prie ces raifonnemens? guériffent ils le mal que font les perfécusécuteurs, ou les peuvent ils faire rentrer en eux-mêmes ? Ne faut-il pas nécessairement pour guérir la fureur d'un emporté qui ravage tout un païs ou pour la faire conoître, le tirer des disputes particuliéres, & le rapeler à des principes communs aux 2. partis, tels que sont les maximes de la morale, les préceptes du Décalogue, de Jesus-Chrit, & de ses Apôtres touchant l'équité, la charité, l'abstinence du vol, du meurtre, des injures du prochain ? Ce seroit donc déja un fort-grand inconvenient dans le commandement de Jesus-Chrit, qu'il ôteroit aux Chrétiens la régle seure & commune de juger si une action est bonne ou mauvaise. Ce n'en seroit pas un moindre que tous les Chrétiens en prendroient droit de persécuter ceux qui ne seroient pas de leur communion, ce qui ne se feroit que par mille violences d'une part, & par mille hipocrisies de l'autre.

tre. C'en seroit un 3. fort-considérable que tous les Chrétiens pourroient soutenir avec raison que les persécutions qu'ils livrent aux autres sont justes ; d'où s'ensuivroit que la persécution de la vérité seroit une action pieuse, car tout de même que les préceptes d'honorer son pére & sa mére, de ne point se souiller dans les brutalitez de la chair, de ne point tüer, ni dérôber, d'aimer son prochain comme soi même, d'aimer Dieu, de pardonner à ses ennemis regardent les Arriens, les Nestoriens, les Sociniens, aussi pleinement que les Réformez & que les Catoliques, & que ceux qui sont l'élite des prédestinez, ainsi doit-on dire que le précepte de contraindre est adressé indiferemment à tous les Chrétiens : autrement si vous le restraignez aux seuls ortodoxes, pourquoi ne leur apropriez vous pas aussi le commandement d'être sobre, chaste, charitable ? Or

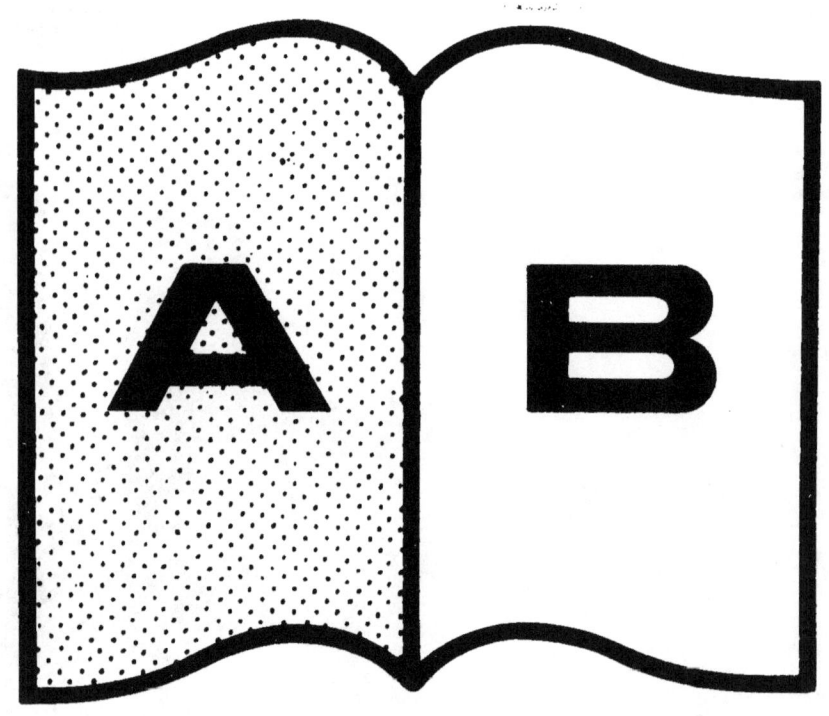

Contraste insuffisant
NF Z 43-120-14

www.ingramcontent.com/pod-product-compliance
Lightning Source LLC
Chambersburg PA
CBHW070743170426
43200CB00007B/629